PRODUCE 101 JAPAN FAN BOOK

Sponsored by SoftBank

PRODUCE 101 JAPANとは・・・

“国民プロデューサー”と呼ばれる視聴者による国民投票で勝ち残った練習生がデビューするサバイバルオーディション番組である――――

音楽専門チャンネル『Mnet』で放送され、10代、20代の男女に圧倒的な人気を誇るサバイバルオーディション番組、それが『PRODUCE 101 JAPAN』だ。数多くのスターを輩出し、新語・流行語も生み出すなど、グローバルな社会現象を起こした革命的番組が遂に日本でスタートした。応募総数6000人より選ばれた101名からスタートし、様々なミッションに挑戦、熾烈な競争を繰り広げた後、最終デビューメンバー11人が選出される。全ては、“国民プロデューサー”と呼ばれる視聴者による国民投票で決定する。2019年12月11日（木）番組最終回、番組生放送中にリアルタイムで行われる国民投票により、選ばれし11人となるのは一体誰なのか――――。

本書は、そんな『PRODUCE 101 JAPAN』の収録を元に、新時代のグローバルボーイズグループになる11人が選出される前までの道のりと記録写真を収録したものである。合宿先やステージの舞台裏などだからこそ見せる、練習生全員のリラックスした表情や男同士の友情を感じられる瞬間など番組内では見られない貴重なオフショットを盛り込み、写真には練習生のコメントも随所に掲載し、彼らの心情や魅力にも迫る。また、練習生全員へアンケート調査を行い、独自のプロフィールもご紹介。その他、彼らが合宿中に綴っていた直筆の日記から印象的なコメントを抜粋して収録した。

写真：2019年9月1日『PRODUCE 101 JAPAN』、トレーナー発表記者会見@東京・大崎ブライトコアホール

Uniform Style

PRODUCE 101 JAPANの定番スタイル、制服バージョンの練習生をピックアップ

2019年10月中旬＃第1回順位発表式収録時

「何位になっても素直に結果を受け入れながら、満足したらそこで自分の成長は止まってしまうので、どんな順位でもどんどん上ってやろうという気持ちは最後まで忘れたくない」【川尻 蓮】

「10月の収録の時、観客の中に僕の名前のプレートを持った人がいて、『まめ、まめ！』って名前を呼んでくれたのがとっても嬉しくて気持ち良かったです！　観客との距離も近くて緊張はしたけど、歓声を聞いたらそれが吹っ飛びました」【豆原 一成】

撮影時は前回の収録から約1ヶ月。外見はもちろん、顔つきにも変化が

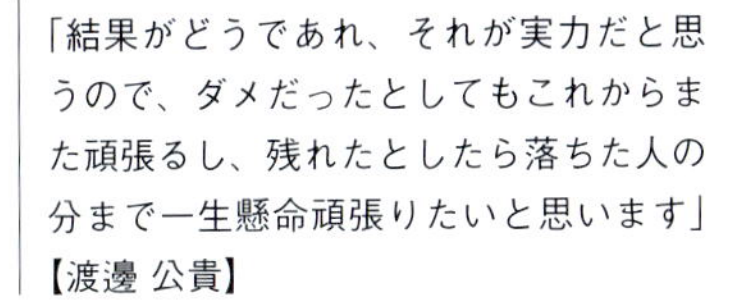

「結果がどうであれ、それが実力だと思うので、ダメだったとしてもこれからまた頑張るし、残れたとしたら落ちた人の分まで一生懸命頑張りたいと思います」【渡邊 公貴】

「何も考えずに生きている生物なので。緊張もしていない。でも、あとでステージに行ったらめちゃくちゃ緊張して漏れちゃうかも……ですね」【キム ヒチョン】

「クラス分けの評価の時に、僕が居たチームからＡが出て、再評価でもＡが出て、嬉しいと同時に僕も頑張らなきゃ！って強く思えたし、同じチーム内でＡがいっぱい出たのが印象的でした」【北川 暉】

「めちゃめちゃ緊張していますが楽しみです！順位を見て気持ちが下がることなく上を目指したいと思います」【大平 祥生】

「現在の順位が96位で、もう下がるところまで下がったので、もう上がることだけを願うばかりです。歌とダンスには自信があるので、なんとか60位に入れると嬉しいです」【浦野 秀太】

「見つけてくれた方がたくさんいたので、今まで僕を応援してくれた方を後悔させないような結果を残したい。やってきたことは間違いないと思うので信じるだけです」【長谷川 怜央】

「今日のステージはとても楽しかったです！MCのナインティナインさんとの掛け合いとか、めちゃくちゃ緊張しました（苦笑）。でも、他のメンバーが緊張をほぐしてくれて本当に助かりました」【大水 陸渡】

PRODUCE
101

PRODUCE
101

「とても緊張しているのですが、今まで頑張ってきたことを評価していただけたらいいなと思います。どんな結果も受け止めたい」【宮島 優心】

みんな同じ制服ではなく、カラー付きのジャケットになっていたり蝶ネクタイをしていたりと、練習生一人一人に合ったタイプをチョイス

「ファンの方を大事にしたい気持ちと、自分が一番楽しんで、それを共有したいと思っています。だから緊張はしていなくて、ファンの方と一緒に楽しもう！ 笑顔で頑張ろう！　というのが今の心境です」【鈴木 玄】

「もうできることは全部やって今日を迎えているので、あとはファンの皆様を信じて自分の順位を受け止めるしかない。緊張よりはやりきった感じがあるのでリラックスしています。どんな結果でも受け止めて、次の成長の糧にしていけたらと思います」【池本 正義】

「この後も残って、ステージに立って、もっと良い結果をもらいたいです。これからも頑張るので応援よろしくお願いします」【キム ユンドン】

中里空
PRODUCE 101 JAPAN

PRODUCE 101

2019年10月下旬
#グループバトルのための合宿

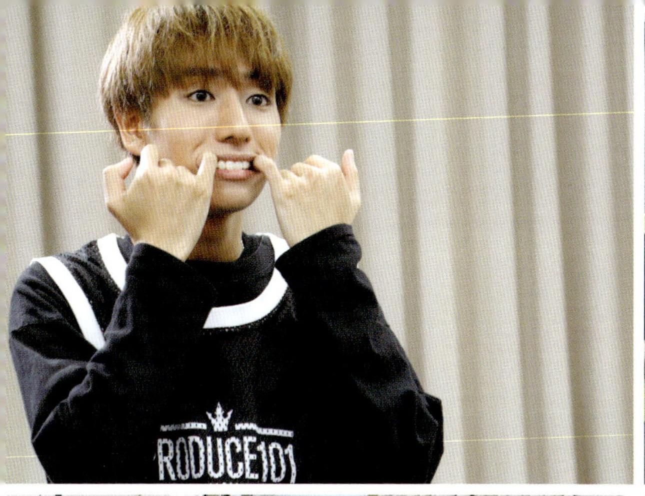

60人になってから行われた合宿。練習生たちの練習風景や食事中のリラックスした表情を撮影

合宿所のご飯を
頂いています!

ご飯も水分も
しっかり摂らな
くちゃね!

PRODUCE 101
キム・セチョン
PRODUCE 101
ラップ
東京
上原 潤

「PRODUCE 101 JAPANに参加させてもらう前は、自分はうるさいキャラなので、たまに人を不快な気分にさせちゃうことを気にしていたんですが、ありのままの自分を出したら国民プロデューサーの皆さんに温かい言葉をいただいたり、メンバーにも優しく接してもらえて自信につながったし嬉しかったです！」【大澤 駿弥】

PRODUCE 101
サブ
ボーカル
①
川尻 蓮
PRODUCE 101
神奈川
浦野秀太

生茶

第１回の順位発表後、初のミッションとなるグループバトルの合宿にて。６人１組、全10チームに分かれて戦うためチームワークが問われる中、練習生たちはお互いに意見を出し合い、結束力を高めていた

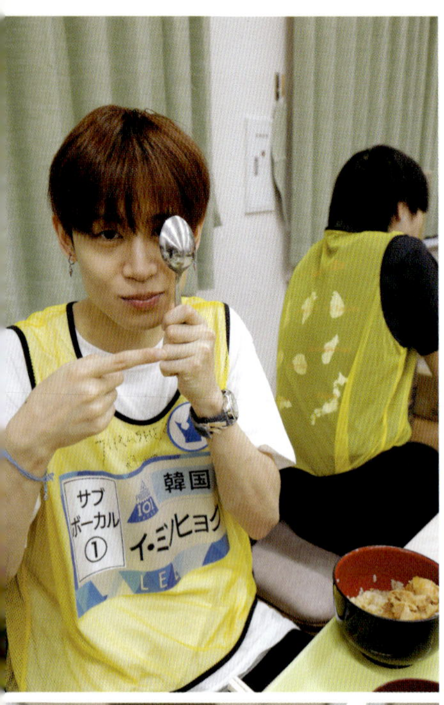

「順位発表のたびに不安な気持ちが大きいけど、最後まで残れるように楽しみたいです。合宿のご飯の時間やメンバーとの会話も楽しんでいます！」【岩崎 琉斗】

「これからの合宿は今まで以上に歌もダンスもアピールしたいです。スタートから頑張ってきたメンバーの中で脱落する人もいて悲しくて泣きました。ライバルでもあり仲間でもある一緒に戦ってきた人がいなくなっていくことを改めて実感して、これが現実なのかと……。色んな意味で頑張っていかなきゃ！　と、絶対やってやるぞ！　という気持ちが湧いています」【山田 恭】

「今は最終メンバーに残りたい気持ちと、その一方で、どんな順位であれ気にしすぎることなく前を向いて必死に頑張りたいと思う気持ちがいっぱいです！」【上原 潤】

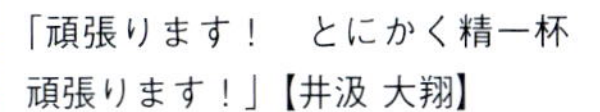

「頑張ります！　とにかく精一杯頑張ります！」【井汲 大翔】

「今回はひとつのステップとして捉えているので、ここで終わりじゃないし最後まで気を抜かずに頑張っていきたいと思います」【與那城 奨】

2019年9月中旬
＃ポジションバトル収録時

ポジションバトルの収録日。本番前のほどよい緊張感を持った練習生たち。全員が18チームに分かれ、2チームごとに同じ楽曲を披露し競い合った。それぞれのチームがボーカル、ダンス、ラップの3部門の中から挑戦

「チームバトルで負けてしまったという結果が悔しいです。チームの中でいろんなことがあって、苦難を乗り越えながら濃い時間を過ごしてきたメンバーだったからこそ。リーダーの僕がチームを勝利に導けなかったことが悔しくもあり、正直、まだ気持ちの整理がついていないところがあります。でも、観客の皆さんやスタッフの方々が温かく見守ってくださったこともあって、良い経験と幸せな時間が過ごせたことに感謝しています」【石井 祐輝】

「プロフィール写真は可愛い雰囲気でやらせてもらったんですけど、パフォーマンスでは力強さとギャップを感じてもらいたいなって思います」【佐藤 隆士】

チームの勝敗と個人の順位によって、最大で1万票という大きなボーナスが与えられるという、練習生たちにとって重要なバトル本番前。控え室で他の練習生の収録を緊張の面持ちで見学しつつも、時折リラックスした表情も見せた

Bright Shot

モデル顔負けの表情を魅せてくれる練習生たちのフォトセッション

2019年9月中旬＃ポジションバトル収録時

LAKERS
23

EVERYONE THINKS

2019年 9月中旬
ポジションバトル収録時

「ステージに立つ前は、めっちゃ緊張していたけど、踊ってみたらすごく楽しくて観客の皆さんの反応も嬉しかった！だからこそ、パーフォマンスでしっかり返そうという想いが持てたし、チームで最後まで踊りきれたことは本当に良かったと思います。達成感があります！」【今西 正彦】

「今日は、純粋に皆にあえて嬉しいです。皆の顔を見ることができてほっとしています。皆やれることはやってきたと思うし、今日は仲間の結果を一緒に喜び分かち合いたいなって思います」【中川 勝就】

ポジションバトル結果発表の待ち時間にて。やりきった達成感が表情にも表れていた

「昨日は緊張しすぎて眠れなかったと言いたいところですが、パッキングが終わりませんでした（笑）。皆さんがたくさん投票してくれて、良い順位なのでこのままキープして、願わくばさらに順位が上がると嬉しいなって思います」【白岩 瑠姫】

変顔やってみた

カメラを向けると自然といろいろな表情を見せてくれるようになった
練習生たちによる変顔コレクション

UCE 101
神奈川

2019年9月中旬
＃ポジションバトルのための合宿

「今までの思い出の中で印象に残っているのは、韓国の合宿所のシャワールームがガラス張りだったんですけど、そこに皆で入ったことですね（笑）。あと朝のメイクの時、洗面台が取り合いでした」
【片上 勇士】

「今ここでありがたい環境でいろいろなことにチャレンジさせていただいていることに感謝しつつ、最後まで精一杯やり切れたらと思います。もし幸いにも次のステージに進めたらもっともっと努力していきたいです」
【鈴木 晨順】

「ちゃんと心を落ち着かせて、余裕のある良いパフォーマンスができたら良いなって思います」【中西 直樹】

「印象に残っているのは韓国のトレーニングセンターです。レベル分けされて、再評価までの3日間でとても悔しくて、汗とか涙を流して頑張った場所なので。今までの合宿の中で一番ハードだった気がします」
【中谷 日向】

合宿所が停電と断水に見舞われ、急遽、都内のホテルへ移動。
慌ただしい中でも練習は続く

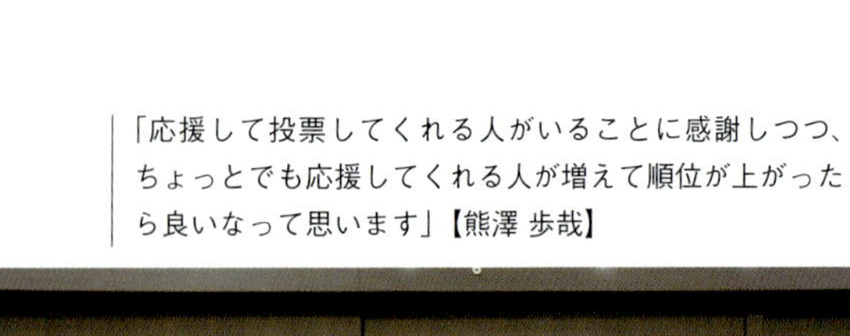

「応援して投票してくれる人がいることに感謝しつつ、ちょっとでも応援してくれる人が増えて順位が上がったら良いなって思います」【熊澤 歩哉】

「韓国合宿ですごくキツいときに、洗濯場に皆で集まって練習の話やたわいのない話をしてお互い支えあったのが思い出に残っています。ステージでは、笑顔でお客さんが求めているようなアクションを起こせるように最高のパフォーマンスをしたいです」【安慶田 真樹】

「韓国合宿の時、ダンスバトルで白熱した戦いになりました。あの場にいるだけで今までにないくらい興奮した。このプロジェクトで協調性の大切さを学ばせてもらいました。助け合いながらひとつのものを完成させることに感動を覚えました」【瀧澤 翼】

練習生はボーカル、ダンス、ラップの３チームに分かれて練習。コップは自分のポジションを把握するために使っていた

「メンタル的にもいろいろ自分がうまくできないことがあったけれど、皆さんが自分のいいところを見てくれて応援してくれるのが嬉しい。でも自分が力不足なところもあるので、できる限りの事を頑張ろうと思います」
【東郷 良樹】

「合宿の思い出……、韓国の練習はきつかったですね。何もかもが初めてで新鮮でもありました。しんどい時もあったし、練習生との過ごす時間が楽しかったっていうのもあります」【金城 碧海】

「韓国合宿の時に再評価テストがあったんですけど、『ツカメ』の歌詞を間違えて、『はじめようよ』なのに、『はじめまして』って言ってしまったことが印象に残っています（笑）」【宮里 龍斗志】

C
大阪
大賀
Leader
B
沖縄
與那城 奨
YONASHIRO

2019年 10月下旬
グループバトルのための合宿

１週間という短い期間の中で、課題曲のダンスの構成や振り付け、歌の練習をこなさなければならない練習生たち。休憩時間や食事のときには笑顔がこぼれた

「韓国合宿の最終日に火災報知器が鳴って驚きました！　誤報だったんですけど。その時、僕は人狼ゲームをしていて、『サイコキラーが動き出したのか!?』って思ったら、ファイヤーファイヤーって！　それが一番の思い出ですね（笑）」【青木 聖波】

合宿では練習の合間にインタビューを受けるなど、多忙な毎日を過ごしていた。
休憩時間は、ピンポン球を使った発声の練習や食事など、思いおもいの時間を

PRODUCE 101 JAPAN
ラップ
②
東京
PRODUCE 101 JAPAN
サブ
ボーカル
②
大阪
金城碧海

大阪
金城碧海
菅井
PRODUCE 101

2019年10月下旬
グループバトル収録時

「めっちゃ緊張しています。この待ち時間がいろいろ考える時間で、強気でいるけど、不安もいっぱいある。今は60人の中に残れていて、今までやってきたことに後悔はないしチャレンジして良かったって思います」【古屋 亮人】

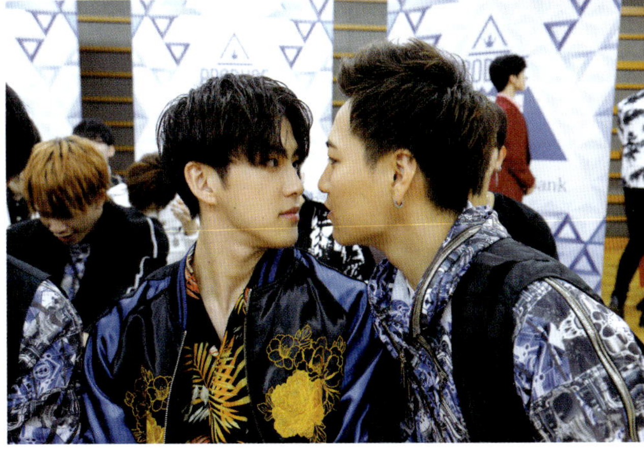

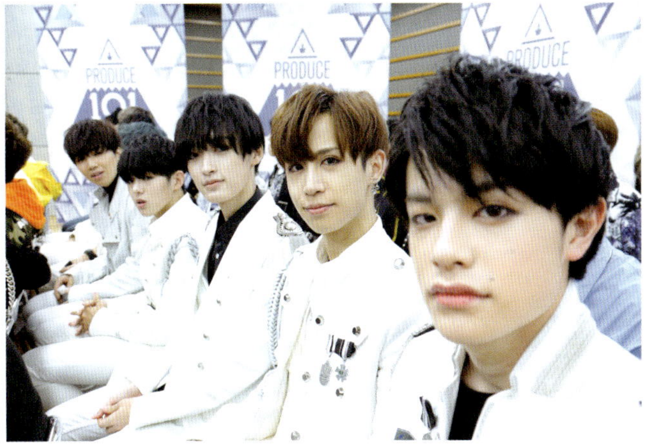

グループバトル本番当日。待ち時間に、仲間と
じゃれ合うあどけない姿の中に、最初の頃より
少し大人びた表情も垣間見えた

NIKE

2019年10月中旬
＃第1回順位発表式収録時

FRAGILE

Paranormal

「僕を応援してくれている票でランクインできたらいいなと思っています。今は残ることだけじゃなく、皆とたくさんの思い出を作れたらいいなという気持ちもあります」【秦 健豪】

『ツカメ』のステージを初めて見た時のことが忘れられません。建物の中の広大な敷地にあって、人がつくった造形物の中にまた造形物をつくるっていうのがスゴイなって。セットに圧倒されましたね！」【鈴木 雅】

制服スタイルに着替える前の私服ショット。自分を表現するセンスは抜群で、それぞれの個性が際立っていた

「僕たちの楽曲は、カッコイイけど全体的に難易度が高かったんです。そこにボーカル志望の人がいないというチームの状況に驚きや悩みもあって、『どうしていこうか』という相談や衝突もあったんですが、ここまで練習してきたことを観客の皆さんの前でしっかり表現できるよう頑張りたいです」【古賀 一馬】

「今は緊張をしていなくて、本番直前がやばいと思いますね。結果がどうであれ、今からやることは変わらないので結果を待つばかりです」【結城 樹】

「一生懸命やってきたけどあまりいい結果になっていないので、不安もたくさんあります。でも半分期待しながら待っています。待つことしかできないので数時間後に笑っているか泣いているか、楽しみにしていてください」【田中 雄也】

「今日まで皆で頑張ってきた集大成を見て欲しいですし、個性的なメンバーそれぞれの力を発揮できたら良いなって思います」【石井 健太郎】

Adererror
DERERROR COMPANY
PARODY BY ADER

「これからランクが上がるように、デビューする11人に残れるように頑張りたいと思います」【福地 正】

「これまでの中で印象に残っているのは、韓国の時に体調を崩して先に帰ることになったこと。つらかったです。皆さんに良いパフォーマンスを見せられるよう頑張ります」【岡田 武大】

2019年９月中旬
＃ポジションバトル収録時

「最初は、短い期間だしそこまで情がうつることはないかと思っていたけど、仲良くなれた子がたくさんいました。夢を追うことには楽しいこともあるけど苦しいこともある。中途半端にはできないし、どんどん順位を上げて残っていきたい」
【安藤 誠明】

「グループバトルで自分に合った歌で上位、というか1位目指して頑張ります」【鶴房 汐恩】

「課題曲への想いとこれまでの頑張りを出しきりたいなと。緊張はしているけど順位が上がると信じて、テンションを上げて楽しみたいです」【河野 純喜】

お昼のお弁当を食べながら、他の練習生の収録を見学。食欲旺盛＆ほおばる姿が微笑ましい

「順位が下なので呼ばれるか不安ですが、期待したい気持ちもあります。ドキドキとワクワクがフィフティーフィフティー」【山田 聡】

「めちゃくちゃ緊張しているんですけど、これまでメンバーと一緒に頑張ってきたので、感謝の想いを持って全力で頑張りたいと思います！」【寺師 敬】

JOKER

「何といっても作品を作るために皆で力を合わせて毎日練習する時に、いろいろな思いがぶつかり合うけど、その中でひとつの目標を目指して頑張ることがすごく好き。熱い気持ちでぶつかるのが好きで、そういう練習がPRODUCE 101 JAPANを通して毎回できているので楽しいしありがたいです」
【井上 港人】

ボーカル、ダンス、ラップの３部門の順位発表。それぞれが自身の課題に向き合い、本番のステージでは努力してきた姿や実力を存分に発揮していた

On Stage

2019年10月中旬
第1回順位発表式収録時

第1回の順位結果発表は、"国民プロデューサー"と呼ばれる視聴者から投票された、約3,384万票をもとに順位が決定。この収録で、一気に60人にまで絞られ脱落者が出た

キム・ヒチョン
PRODUCE
101

PRODUCE
101
JAPAN

PRODUCE
101
JAPAN

結果に満足した人も悔しい思いをした人も、頑張りを称え合う。残った60人は、脱落した練習生の想いを胸に次のステージへと進んだ

2019年10月下旬
グループバトル収録時

ポジション争いが激化する中、苦楽を共にし絆を深め合った各グループの収録の様子をとらえた。見事なパフォーマンスに歓声が沸き上がった

グループの1位になれば各メンバーに10万票が与えられるなど、次の順位発表にも大きく関わる重要なグループバトルだった

Strobe Shot

グループバトル合宿中、練習生たちの協力のもと本誌のためにストロボショットを撮り下ろし！

2019年 10月下旬 ＃グループバトルのための合宿

PRODUCE 101 JAPAN

SoftBan

PRODUCE 101 JAPAN
サブ
ボーカル
山梨
佐野 文哉
東京
白岩 瑠姫
PRODUCE 101 JAPAN
メイン
ボーカル
福岡
安藤 誠明
PRODUCE
Leader
ラップ

SoftBan

PRODUCE 101 JAPAN
熊本

大阪

Leader
101 JAPAN
Leader

PRODUCE 101
サブ
ボーカル
岡山
②
豆原 一成
PRODUCE 101
サブ
ボーカル
韓国
①
チョン・ヨンフン
Leader
PRODUCE 101
韓国
キム・ユンドン
PRODUCE 101
磨田寛大
鶴房汐恩

PRODUCE 101
PRODUCE 101
PRODUCE 101

サブ
ボーカル
③
福岡
澤 直樹

サブ
ボーカル
②
サブ
ラップ
②
中野
大阪
片上勇士
愛知
兵庫
メイン
ラップ
PRODUCE 101

壁ドンやってみた

練習生の練習生による練習生のための壁ドンスナップ♡

スマホで壁ドンの
演出をしてくれた
“壁ドンプリンス北川”

Leader
101 JAPAN
サブ
ボーカル
①
大阪
北川 暉

In Korea

2019年 8月 # お披露目 & 初 101 パフォーマンス収録@韓国

2019年8月、文化遺産の昌慶宮（チャンギョングン）で記念撮影。練習の合間に、練習生全員で韓国観光

韓国での合宿は、初回席順決めから開始。レベル分けテストがあり、練習生たちは今の自分たちのレベルを認識し次なるステップへと進んだ

RODUCE 101

B 田中雄
B 韓国 イ・ミンヒョク
奈良 西直樹
B 鈴木

B 奈 中西直
沖縄
B 東京 青木聖

PRODUCE 101 JAPANのテーマ曲『ツカメ～It's Coming～』のパフォーマンスを練習する練習生たち。トレーニングセンターにて

ホームページに掲載するプロフィールのための写真撮影。撮影に使われた小道具で遊び出す練習生たちには、まだあどけなさが残っていた

大阪
B 大川澪哉
滋賀
鶴房 汐恩
大阪
F 金城碧海
大阪
F 片上勇士

大阪

大阪
森 慎二郎
Gad-younG

愛知

大阪
本 大賀
東京
高野慧

兵庫
小松倖真
PRODUCE 101

大阪
川澪哉
沖縄

PRODUCE
JAPAN
韓国

神奈川
B
稲吉ひかり

鈴木
A
愛知
佐藤景瑚
PRODUCE
JAPAN

福岡
川尻 蓮

B
兵庫

京都

石井祐輝

韓国

大阪
中林登生
東京

沖縄
慶田真樹
F 北海道

B
宮島優心

2019年9月中旬
ポジションバトル収録時

今まであまり目立っていなかった練習生たちの魅力が開花したポジションバトル。
彼らの日々努力する姿に“国民プロデューサー”も胸を打たれたに違いない

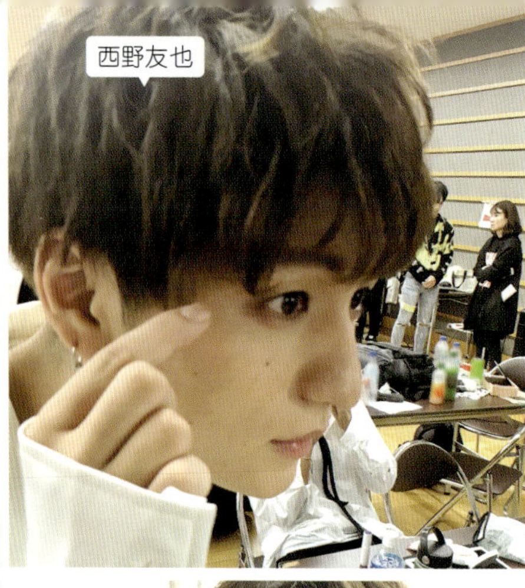

スタッフやメンバーが自ら撮影したスナップ集

Back Stage Snap

駒尺雄樹

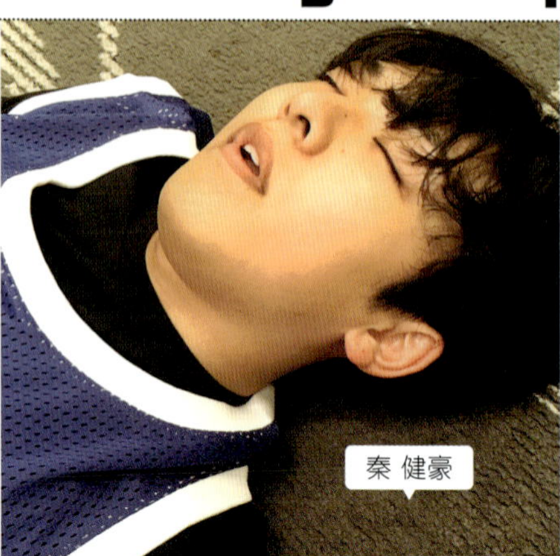

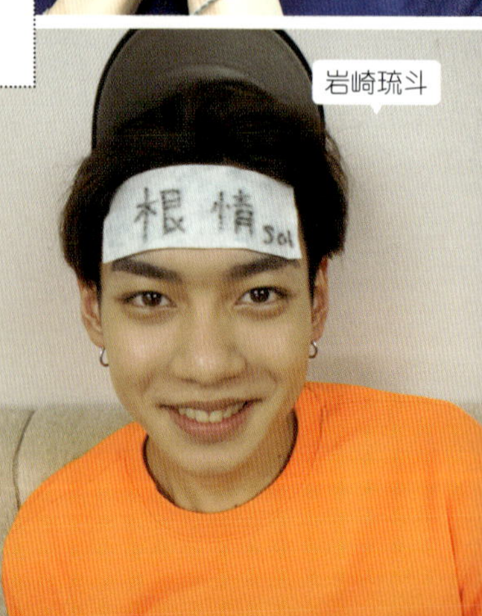

松倖真
中谷日向
大川澪哉
井汲大翔

西 涼太郎
古屋亮人

駒尺雄樹
田口馨也
西 涼太郎
福地 正
古屋亮人
佐野文哉

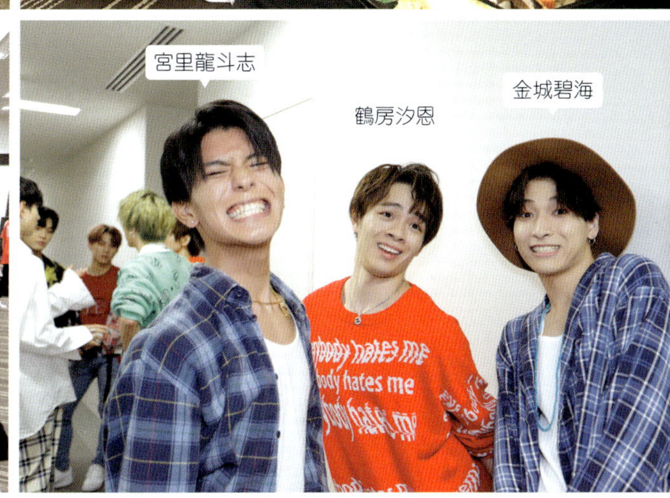
宮里龍斗志
鶴房汐恩
金城碧海

髙野 慧
アルジャマ 勇心
駒尺雄樹

古賀一馬

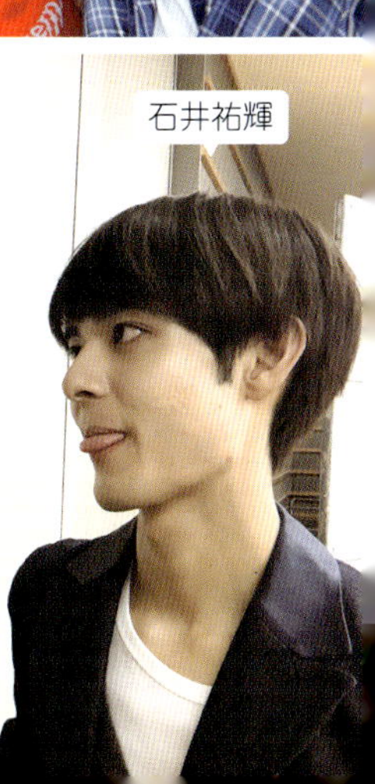
石井祐輝

鈴木晨順
安藤誠明

浦野秀太
中西直樹
木原汰一
佐藤來良
河野純喜

上原 潤
駒尺雄樹
福地 正

大平祥生
森慎二郎
稲吉ひかり
鈴木 雅
山本健太
三井 瞭

上原 潤
大平祥生
川尻 蓮
中川勝就

岩崎琉斗
安慶田真樹

大川澪哉
井汲大翔

豆原一成
小山省吾

キム ヒチョン

今西正彦

木全翔也

中野龍之介

山田 恭
チョン ヨンフン

本田康祐

浦野秀太

キム ユンドン
チョン ヨンフン

小松倖真
山田 恭
キム ヒチョン

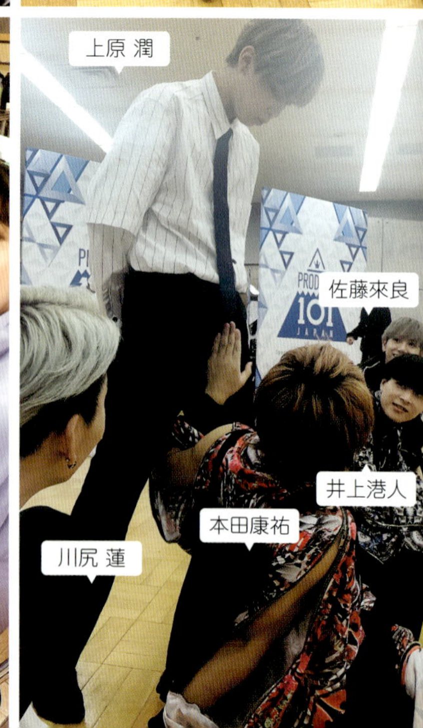
上原 潤
佐藤來良
井上港人
本田康祐
川尻 蓮

中野龍之介
北川玲叶

福地 正
鶴房汐恩

PRODUCE
101
JAPAN
川尻 蓮
本田康祐

中里 空
宮島優心
木全翔也

三井 瞭
福地 正

大澤駿弥
中里 空
川尻 蓮
川西拓実
今西正彦

キム ヒチョン
上原 潤
浦野秀太

中本大賀
金城碧海
安藤誠明

宮島優心
金城碧海
中野龍之介

岡野海斗
佐々木真生
床波志音
仙台

山田 恭
片上勇士

大澤駿弥
浦野秀太
本田康祐

中本大賀
宮島優心
金城碧海

北岡謙人
草地稜之

鶴房汐恩
北川玲叶

佐野文哉

今西正彦
内田脩斗

河野純喜
キム ユンドン
山田 恭
小松倖真
キム ヒチョン

キム ヒチョン
川西拓実
韓国

小松倖真
中谷日向

福地 正
PRODUCE 101 JAPAN
サブボーカル
沖縄

キム ユンドン

中里 空
佐藤景瑚
木全翔也
宮島優心

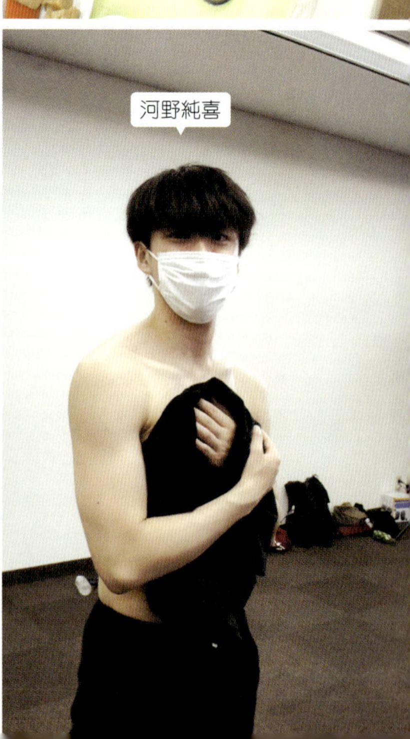
河野純喜

北岡謙人
井汲大翔
中林登生
川尻 蓮
與那城 奨
浦野秀太
上原 潤

寺師 敬
三井 瞭
瀧澤 翼
河野純喜
豆原一成
チョン ヨンフン

渡辺龍星
金城碧海
安藤 優
草地稜之

宮里龍斗志
渡辺龍星

佐野文哉
白岩瑠姫

川尻 蓮

中林登生
佐々木真生

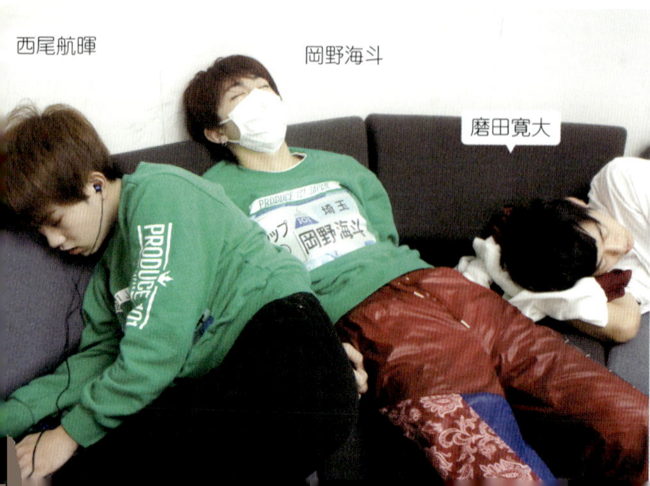
西尾航暉
岡野海斗
磨田寛大

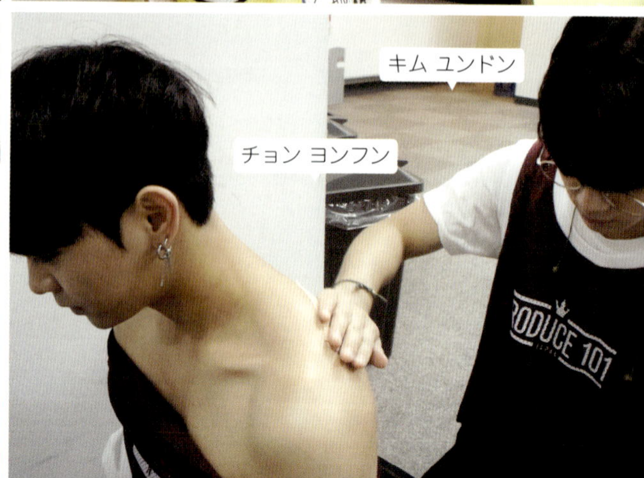
キム ユンドン
チョン ヨンフン

大平祥生
佐藤來良
安慶田真樹
河野純喜
井上港人
佐藤來良
井上港人
大平祥生
男澤直樹
本田康祐
安慶田真樹
(RE)PLAY
三浦大知
今西正彦
片上勇士
木全翔也
金城碧海
中本大賀
宮島優心
岡田武大
宮里龍斗志

片上勇士
今西正彦
大澤駿弥
川西拓実
中谷日向

瀧澤 翼
青木聖波
古屋亮人

木全翔也
宮島優心
古屋亮人

林 龍太
草地稜之
寺師 敬
イ ミンヒョク
床波志音

岩崎琉斗
鶴房汐恩
宮里龍斗志

安藤誠明

白岩瑠姫
佐野文哉
三井 瞭
浦野秀太
本田康祐
佐藤景瑚
キム ヒチョン
川尻 蓮
岡野海斗
佐々木真生

佐藤來良
河野純喜

林 龍太

キム ヒチョン
本田康祐
SoftBank

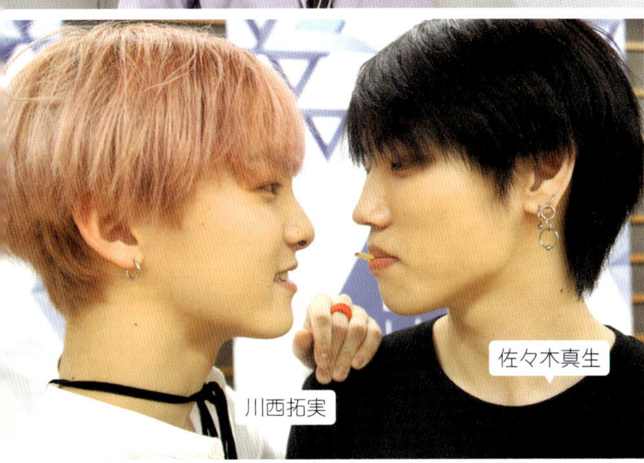
佐々木真生
川西拓実

北川 暉

キム ユンドン
河野純喜

PRODUCE
101
JAPAN
瀧澤 翼
岡野海斗
チョン ヨンフン
北川 暉
山田 恭
岡田武大
北川玲叶

キム ユンドン

北岡謙人

キム ヒチョン
Bank

片上勇士

中谷日向

上原 潤
チョン ヨンフン

結城 樹

與那城 奨

西 涼太郎

鶴房汐恩
床波志音

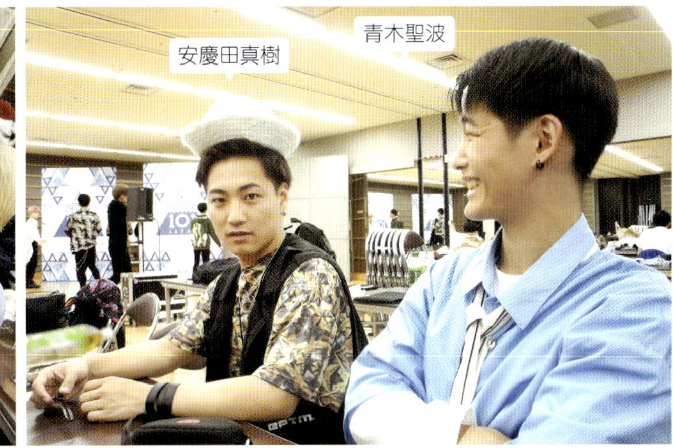
安慶田真樹
青木聖波

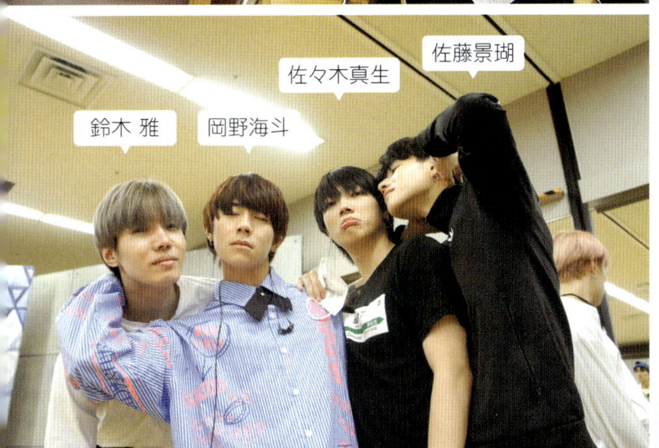
鈴木 雅
岡野海斗
佐々木真生
佐藤景瑚

男澤直樹
中本大賀

PRODUCE
101
JAPAN

床波志音
中里 空
金城碧海
北川 暉
岡野海斗
佐々木真生

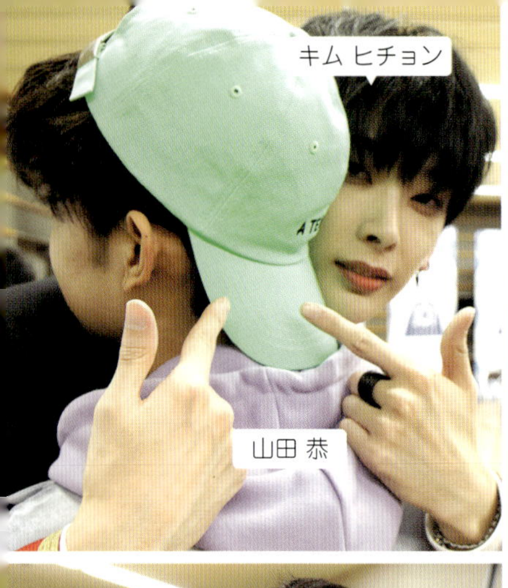
キム ヒチョン
山田 恭

山田 恭
キム ヒチョン

中本大賀

寺師 敬

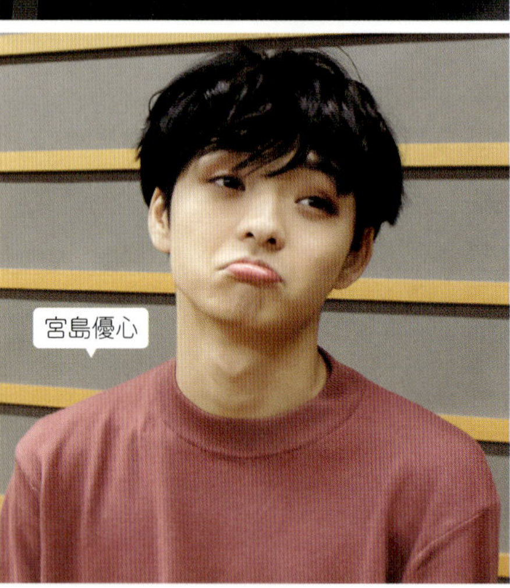
宮島優心

佐藤景瑚

岩崎琉斗

中林登生

チョン ヨンフン

本田康祐
安藤誠明
佐野文哉
與那城 奨

河野純喜
キム ユンドン
豆原一成
浦野秀太
川尻 蓮
キム ヒチョン
大澤駿弥
川西拓実
上原 潤

瀧澤 翼

チョン ヨンフン
キム ユンドン

河野純喜

金城碧海
木全翔也

安藤誠明

中本大賀
福地 正

本田康祐
キム ユンドン
チョン ヨンフン

金城碧海
中里 空

鈴木 雅
佐藤景瑚
中林登生
豆原一成

福地 正
磨田寛大
北川 暉

川尻 蓮
大平祥生
三井 瞭
佐藤景瑚
宮島優心
上原 潤

今西正彦
青木聖波

男澤直樹
安慶田真樹

福地 正
北川 暉
鈴木 雅
岡野海斗

浦野秀太
キム ヒチョン
中里 空
上原 潤
大澤駿弥

渡辺龍星
北川玲叶
鶴房汐恩
岩崎琉斗
中里 空
宮里龍斗志

青木聖波
古屋亮人
宮里龍斗志

中本大賀
床波志音
金城碧海

佐野文哉
白岩瑠姫

男澤直樹
佐藤景瑚

本田康祐
PRODUCE
101

チョン ヨンフン
宮島優心

與那城 奨

安藤誠明

今西正彦

渡辺龍星

川尻 蓮
佐藤景瑚
上原 潤
宮島優心
三井 瞭
大平祥生

佐藤來良

中本大賀
岡田武大
宮島優心
佐藤景瑚
中里 空
木全翔也

草地稜之
渡辺龍星
安藤 優
中谷日向

床波志音
福地 正
北川 暉
西尾航暉
青木聖波
岡野海斗

山田 恭
瀧澤 翼
寺師 敬
林 龍太
小松倖真
三井 瞭

山田 恭
林 龍太
瀧澤 翼
青木聖波
宮島優心

福地 正
古屋亮人

北川玲叶
井汲大翔
佐々木真生

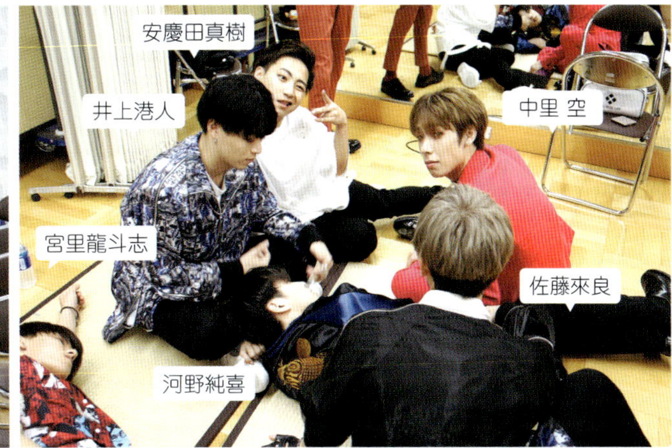
安慶田真樹
井上港人
中里 空
宮里龍斗志
佐藤來良
河野純喜

岩崎琉斗
鈴木 雅

鈴木 雅
岩崎琉斗
中野龍之介

佐藤隆士
古屋亮人

川西拓実

キム ユンドン
チョン ヨンフン
上原 潤
大川澪哉
佐藤景瑚
キム ヒチョン

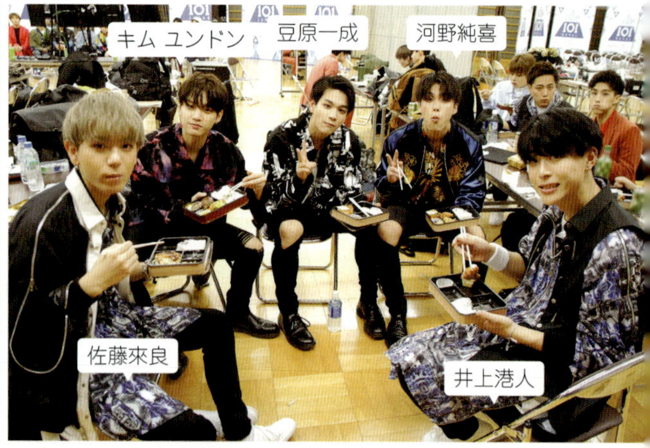
キム ユンドン
豆原一成
河野純喜
佐藤來良
井上港人

與那城奨
今西正彦
安藤誠明

片上勇士
中谷日向

古屋亮人
磨田寛大

豆原一成
磨田寛大

福地 正

大平祥生

中野龍之介

佐藤隆士

小松倖真

安慶田真樹
PRODUCE 101

林 龍太

井汲大翔
大阪
井汲 大翔

與那城 奨

瀧澤 翼
鈴木 玄
山田 恭

北岡謙人
佐々木真生

安藤誠明
キム ヒチョン

渡辺龍星
金城碧海
中谷日向
宮里龍斗志

鶴房汐恩
キム ユンドン
磨田寛大
チョン ヨンフン
河野純喜

大澤駿弥

佐藤隆士
鈴木 玄
アルジャマ 勇心

中川勝就

小松倖真
髙野 慧

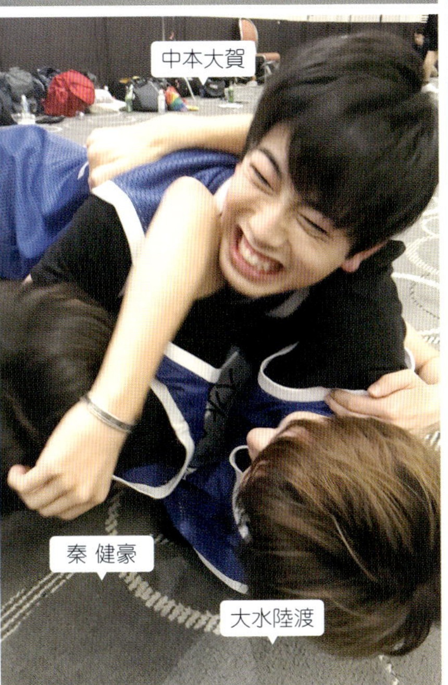
中本大賀
秦 健豪
大水陸渡

キム ヒチョン

川尻 蓮

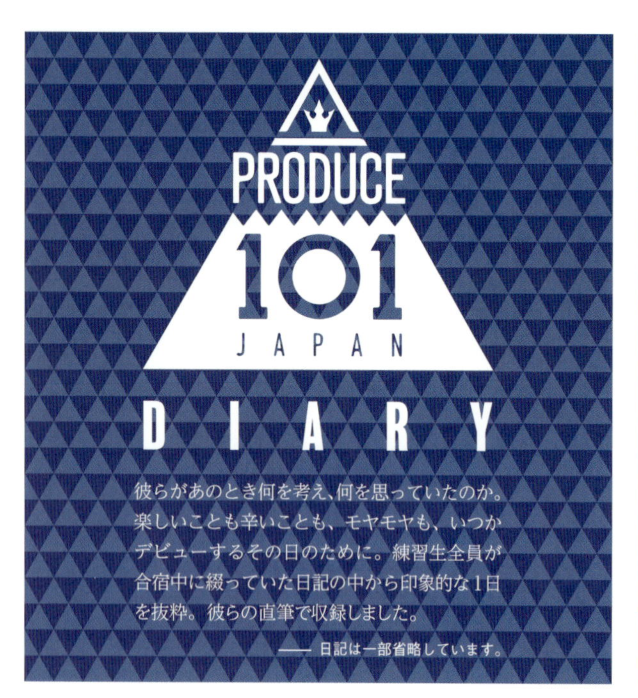

彼らがあのとき何を考え、何を思っていたのか。楽しいことも辛いことも、モヤモヤも、いつかデビューするその日のために。練習生全員が合宿中に綴っていた日記の中から印象的な1日を抜粋。彼らの直筆で収録しました。

—— 日記は一部省略しています。

10/18

・ついに第一回順位発表の日が来て、テスト終わりに遅れて来たけどまずは皆と会うことができて良かったと思った。
・自分の順位も気になってはいたけど今まで仲良くしてくれた人が多すぎて、必ず誰かが落ちてしまうと考えると本当に嫌で複雑な気持ちだった。

・順位発表が終わって、実際に何人も思いでがある人が落ちてしまってめっちゃめちゃ辛かったけど、同時に、やっぱりこれからもっとがんばろうと思った!!
・あきひとが60位ぎりぎりで残って、めちゃくちゃ嬉しかった!!!!!

青木 聖波

10月23日(水)

今日は、振りの後半をやりました。初めてやったので、ビデオ撮りでは、全然踊れませんでした。1サビまでは、なんとか慣れてきました。でもディティールの部分をもっと詰めないといけない。
安倉さんのレッスンでは、かつぜつの事を言われました。
リズムも良くなくて、[illegible]が山積みです。

・さしすせそ
・たちつてと
・ざじずぜぞ
・まみむめも
・いきしちに

} がんばるやつ

安慶田 真樹

8/24/2019

今日は、openingのほんばんでした。ものすごくたのしかったです。今日もいろうしなものやりました、one-shotやりました。たのしすぎてダンスへんになっちゃった。あとかおがはずかしいで[illegible]した。さいごのさいごのほんばんはものすごくよでした。そのあと、いろんな人なきました。ほんとはさみしいです。このがっしゅくながかったけど、みじかったっとかんじた。このじごくのれんしゅうはきゅうにおわりました。ほんとにたのしかったです。ここからはproduce 101 Japanのはじまりです。ここからはがんばります。

アルジャマ 勇心

8月21日

韓国合宿 12日目

今日は、朝7:00に突然 ツカメ〜Coming.〜が流れだしてめちゃめちゃびっくりして、起き上がったんですけど2段ベッドの上なので、なぜか近くにあった日記をひらいてました。

そしてスタジオに行くと、デジタルコンテンツがあると聞き、歩数計ダンスバトルと腕立て&腹筋バトルがありました。

そんな事まったく知らなかった僕は、前日にバリバリパンプアップしていたので筋肉痛の状態でのバトルだったので本領が発揮できるかわからなかったけど、ギリギリ勝てて自己PR 30秒をもらいました。

でも全くしゃべれない人はかわいそうになっちゃって宮里君の紹介をほとんどしてしまいました。歩数計ダンスバトルではシャドーボクシングをして勝ち、また30秒PRをもらいましたが またまた同じく、対戦相手の紹介をしました。自分のPRでやる事をもっと見つけとかなきゃと思いました。

午後は、ダンスレッスンがあり6人ずつダンスして先生に見てもらいました。

自分の時はそろってない動きも多かったりしてそこの修正と、60%くらいの力で踊って表情を大事にとアドバイスをもらったので笑顔の練習をします。

安藤 誠明

8/17(土)

今日は一日が濃すぎて2日経ったような気がしました。

朝から振り付けをして昼過ぎには作り直し、

そしてインタビューしたーと思ったらまた振りを作って

夜ご飯を食べて歩いて宿舎に帰りました。

歩いている時HALOの3人と並んで少し歩きました。

自分もグループ入ったみたいでおもしろかったです

安藤 優

10/19 (土)

本日、60人になってから、ついにグループ評価の選曲とチームメンバー決めでした。今回順位が20位と少し下がってからのスタートです。ですが、アベンジャーズチームに負けるつもりはありません。本当にこのチームで全力で練習して本当に勝つつもりでがんばります。

チームの皆が10代が多いため、僕が心の支えに少しでもなれるようにコミュニケーションもたくさんとって、チームの団結力も高めていきたいと思います。とにかくチームのメンバーとのキズナを深めるのを今は優先したいです!

イ ミンヒョク

8月 22日

今日は全体練習がありました。始めての全体練習できんちょうしました。MVの場所を決める時、最前列で自分の名前が呼ばれてとてもうれしかったです。昨日の練習で自信がないと言われて、絶対に後ろらへんと思ってたので良かったです。今日宿舎が変わって全然関わったことがなかった人ばかりでめちゃくちゃ気まずいけどもっと仲良くなりたいと思いました。

明日は誕生日とリハーサルなので良い日にしたい。

明日で17歳

井汲 大翔

8/24 （日）

最後、107人全員演技をやり切った日でした。これで、韓国での主なやる事は全て終わりました。本当に大変な、3週間でした。17歳の僕にとっては、異国の地で親友やチームメイト、そして家族と離れて厳しい環境に身を置くていうことが、本当に辛かったです。毎日、夜は、その人達を思い出す為に曲を聴きながらでないと眠れない日々でした。

そんな中、自分の心の支えなったのは、汐恩くんや、琉人くん、穿やスカイくん、チームアスリート、Bboy、琉球boys、色んなこのProduceでできた親友との、何気ない会話や、ふざけ合う時間でした。本当に、1人では絶対に乗り切れなかったです。
ここでできた親友には、本当に感謝しています。
まだまだこれからですが、この親友達で、乗り越えていきます！

池本 正義

ポジションバトルでは、元々自分が希望していたラップのポジションで勝負するつもりで合宿に臨みました。合宿が始まる前に、自分の生い立ち、当時の自分の状況、これからの自分についてのリリックをノートにびっしり書きました。それを持って自分を表現するつもりでしたが、くじによって自分が希望していたラップではなく、ボーカルのポジションで勝負することが決まりました。正直その日の夜は全く眠れませんでした。また、チームのみんなもボーカルを希望する人がいなかったので、練習が始まってからもなかなか身が入らず、チームとしても話し合いが進まない日々が続きました。しかし、自分たちが目指すグローバルに活躍するアイドルになるためには、歌もダンスもラップもこなさなくてはいけない、という意識が全員に生まれ、目の色を変えてひたすら話し合い、ひたすら練習をしました。そして、この6人で勝ちたいという思いが日に日に強くなっていきました。結果は負けでしたが、この6人で一緒に笑って一緒に泣いて、みんなで練習した日々、みんなで作ったステージは一生忘れないし宝物です。ラップで勝負できなかった心残りは、少しはありますが、ボーカルとして、タマシイレボリューション組の12人で切磋琢磨して戦えたのはとても良い経験だったと思います。

石井 健太郎

8月14日 再評価、結果発表

今日は、再評価の結果発表がありました。スガイトレーナーが来てくれて、再評価の紙を渡してくれました。渡す前、スガイトレーナーに、「君たち練習した？歌詞やダンスを覚えられていない人がいるんだけど」と言われました。

本番では、緊張してしまい、歌詞、ダンスが飛んでしまいました。もし、これが、新曲を楽しみにLIVEに来ているお客さんの前だったら、「努力したけど間違えてしまいました」は通用しません。皆、僕らをプロのアーティスト、アイドルとして見ていて僕たちの素晴らしい、感動する最高のパフォーマンスを楽しみに来てくれています。だから「緊張してた」「実力がなかった」は、理由にしては絶対にいけないと僕は思います。僕の再評価の結果は「D」でした。今の自分の実力を見ると、正しい評価だと思います。けれど、凄く悔しいです。自分に腹が立ちます。だから絶対に、もっともっともっと上手くなって、自分に実力をつけて、人を、お客さんを感動させられる「また見たい」と思ってもらえるような、アイドルになりたいです。この悔しさを、自分への思いを絶対にバネにして、這い上がってやろうと思います。絶対に最後まで諦めない。Never give up 絶対にデビューする。

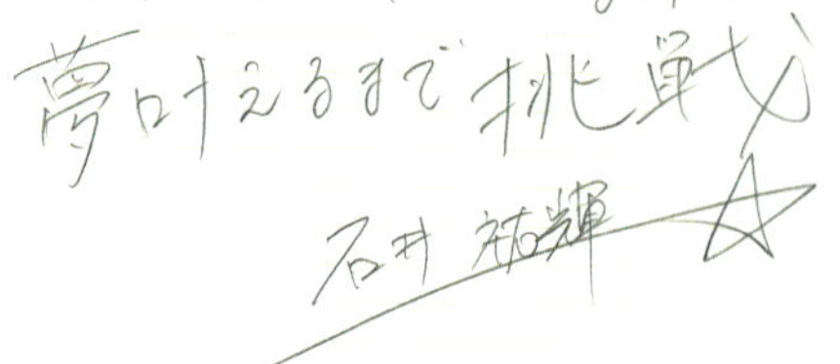

石井 祐輝

9/12（木）
リハの直前でとても良い構成になり、
もしかすると勝機があるかもしれないとみんなで感じました。
がんばっているみんなを一番側で見ているリーダーとして
勝たせてあげたいです。最後まで力を合わせて最高の
パフォーマンスをお客様にお届けしたいと思います。

自分の勇姿を見届けて下さい。

五十畑 颯斗

8/12

今日のうれしかったことはただひとつ!

お母さんと通話できたことです!
でもあってじゃないから すこしさみしかったし、
でたらでたで なんか色々いわれて うなずくことしか
してなかったです。 ほぼ説教みたいな感じだったけど、
めちゃくちゃ心配してくれてることはわかりました。 早く会いたいよ。
他にもぼくがBで1人でいるからスタッフさんにも心配かけさ
せてしまって本当に申し訳なかったです。
はやく人見知りをこくふくしたいです。
はやく皆と仲良くなりたいです。
あと、歌のかしがおぼえられなすぎて 苦戦しています。
この合宿で歌も上手くなれるようになりたいです。
そしてデビューして母さんに親こうこうして
あげたいです。もちろん応えんしてくるまわりの人にも
早く恩返ししてあげたいです。
スタッフさん達もぼくのために心配してくれて
ありがとうございます。毎日お仕事お疲さまです。
おやすみなさい。早く家にかえりたよ〜…

稲吉 ひかり

10/20

次の順位発表式で36位以下は脱落なので このままでは
本当にダメだと思ってセンター 次こそはという想いで挑戦したのですが、
結果はだめで、本当に悔しいです。皆そうですが、歌う所も少なく、歌も上達した
所が国民の皆さんにガッツリアピールできず、アピールポイントがこのままより少なくて
本当に心配な毎日を過ごしています。でも皆が決めたセンターだから任せたい!!
人や運を恨むのではなく、自分自身の足りない部分だと受け止め
最大の努力をしたい。デビュー圏にまだまだ届かない36位…
自分のアピール力の少なさが課題なのかなと思う

井上 港人

10月20日（日）
今日から練習スターーート!
とりあえず動画をみて覚えることから
しましたがすごく難しかった。
なんか自分の中で納得いかない所が
あった それをみんなに伝えれたので
すごく感謝しました。
そのあとからチームの雰囲気も良くなって
たのしかった☺
でも今まだにフリ付けのイメージが
浮かばない自分に腹が立つ。
ふみやくんに迷惑を掛けてしまってる。
明日からはイメージが浮かぶよーに
イマジネーションを高める。
ひこならいける。
がんばれ自分。
自分を信じて。

おやすみなさい!

今西 正彦

9/12（木）

今日はリハーサル前日をむかえて、練習をしました。
でもきゅう遽自分のパートを交代することになりました。

元々そこのパートに自信がなくて、少し不安に思っていました。
それで今日リーダーから ここのパートは琉斗が歌うべきではないと
言われ、その時は自分に怒りや悔しさがとてもこみあげて
きました。でも誰かががまんしないとチームも良くならないし
ここは自分がひくべきだと思いました。
すごい悔しいけど自分が今ある役割をしっかり見つめなおして
国民プロデューサーさん想いが届くようにがんばります。

やるぞ!!

岩崎 琉斗

8月23日(金)

今日は本番のリハーサルをした!
セットもすごく大がかりで練習生のみんなでテンションがあがった。
Xに出てたころを思いだして、すこし感動した。
みんなでステージに上がって踊ってみると大変なことも
たくさんあって、やっぱりプロはむずかしいなあ…
明日の本番のためにみんなで今までがんばってきたから
絶対に明日は最高のステージにするぞ!
明日早いので寝まーす。

上原 潤

10/18

信じられない。奇跡がおきました。まさかの、本当にまさかの60位以内に入れました。今日、久しぶりにみんなに会えて、すごく嬉しくて、なんか家族に会ったみたいで、とても暖かったです。でも、今日、ここのメンバーから脱落者がでる。それがとても複雑でした。とうとう順位発表の時。正直59〜50位の間で呼ばれなかったら100%ないと思っていました。でも奇跡がおこったんです。46位で呼ばれました!! もう大号泣です。

内田 脩斗

10.18.(金)

今日は第1回順位発表式でした。

82→71→96、と3回目に至っては96位まで落ちてしまいました。
そして96位のままむかえた第4回放送。

でも、もう神様に祈って結果を待ちました。
なんと49位という結果でした!
名前を呼ばれたとき、何が何だかわからなくて頭が
真っ白になってしまいました。でもたくさんの人がかけよって
くれて、よかったよかったと言ってくれたのは覚えています。
本当に本当にうれしかった。
次はグループ評価。歌とダンスができるのが楽しみで
しかたないです。僕の魅力もたくさんだして
国民の皆様に"浦野秀太"を気づかせます。
経験者の実力を見せつけます!

浦野 秀太

8/4(水)

今日は、再評価テストの発表日。
練習がなかったのでお昼頃まで寝ていました。
夜、緊張しながらトレーニングセンターに向かった。
そして、僕のランクはまさかのBだった。TT
すごく悔しい、めちゃくちゃ悔しかった。
発表で自分のランクを見るとき、右横が優心で左横が玄君。
二人とも全然違う反応をしていた。けど二人とも驚きを隠せない様子だった。
優心におそるおそる、どうだったと聞くと、「A、絶対おかしい」って言ってた。正直僕は、優心はAに行くだろうと思ってた。だから、そんなに驚きは無かった。優心は僕の顔を見ると泣きはじめてしまった。僕は優心と一緒にAに行こうと言っていたので悔しい気持ちが出て来てつられて泣きそうになった。
でも優心が泣いているから、僕は屈かまさないとと思い涙をこらえた。
最終Bランクに残ったのは僕入れて9人だった。
今までのBチームは33人も居たし、何より、優心やチームメイトが居なくなってしまってすごく寂しかった。他のランクから移動して来たメンバーもあまり関わった事が無い人だったので、余計にこれからちゃんとやって行けるか心配になった。
みんなが宿舎に帰る準備をして待ってる時に優心にみんなが
おめでとう、絶対センターになれよと言っていた。
優心は優しいから誰にでも、うん、頑張るって言っていたけど僕にはすごくプレッシャーがかかって不安げな顔に見えた。
優心と2人きりになった時にみんなセンターになれって言うけど、無理にならなくても良いんだよと言った。
そしたら優心はなりたくてもなれない人もいるからそんな人のためにもセンターになると言った。
僕は優心は絶対デビューするなと確信した。
その帰りのバスでは優心がずっと泣いていたので、元Bチームのメンバー達が「ひまわりの約束」を歌ってくれていた。元Bチームの人達は本当に温かい人達が多と思います。すごく感動しました。

Bチームから下がった人のためにも優心に追いつくためにも明日から練習頑張ります。

大川 澪哉

10月21日（月）

＜内容＞
・自主練
・ダンスCHECK
・ボーカルCHECK

⇒ 今日は朝練へ1人で向かいチームの皆との差をうめるために自主練した。改めて1人の時間になるとこのチームのプレッシャーと自分の実力の無さをすごく痛感する。
ボーカルもそうだし、ダンスもそうだし…
絶対に足を引っ張りたくないからこそ、より
そのプレッシャーが凄い。
実際にボーカルレッスンでも皆にくらべて全然できなかったし
本番がすごい不安。
10万票、本当に欲しいし、この最高のチームで
勝ち取りたいからこそ…自分がチームの不員になってる気しかしない。
ただこの自信の無さを表面に出したら、このチーム
に入れてもらった意味がない。
だから本当に自分で頑張るしかない。

しゅんや☺

大澤 駿弥

今回はグループバトルの、メンバー決めと曲決めでした。
今回僕がメンバーを選べる立場で嬉しかったです。
僕が選ばさせて頂いたメンバーは、オザワ君、ライラ、ミナト君、ホンダコウスケ君です。
放送を見て、普段の人間性だったり、~~実力があって人~~
生意気ですけど実力があって人間性も良くて華があると思った人達を選びました。
・オザワ君はポジション評価のwherever you areを見てこんな歌が上手い人がいるんだと知っていつか絶対一緒にやりたいと思ってました。
・ライラはツカメの再評価でダンスが苦手なのを見てたから
今回のグループ評価でダンスをこくふくできるようになった所を国民プロデューサーの皆さんに見せてほしいと思ってそしてボーカルの面でリードしてもらいたく選びました。
・ミナト君はwild wild wildの時のを見て人間性もダンスもできるしシンプルにかっこいいと思って選びました。
・ホンダコウスケ君はポジション評価の時、メンバーが未経験ながらもめげずに皆としっかり向き合って、それプラス、「自分が鬼になってでも」と言う言葉を放送で見て自分が鬼になってでもというそんな事できる人もう本当に中々いないので
今回もですけど皆をリードしてほしいと思って選びました。けど本田君1人に負担がかからないよう僕も全力でサポートしたいです。
・アゲダ君はダンスが苦手なのは分かってるからそこはずっと一緒に練習して少しでも自信を持ってもらえるように僕もサポートしたいです。キャラがおもしろくムードメーカー的存在で助かってます。笑
◎もう皆の前でも言ったんですけど僕たちのチームは「追いあげチーム」です。
理由は皆、最初は注目度も少なく今回も放送を見て順位が上がってる実力ある人を選びました。まだ豆ちゃん、タクミ君達ほど注目度は少ないけども逆を逆手にとってチームワークの良さ、その他色々でグループで1位の10万票を取りに行きたいです。

☆今回、僕がセンターをさせて頂くんですけどチームの顔なので堂々として胸を張って皆の2倍練習してサポートする側にまわりたいです。
国民プロデューサーの皆さんに達人がいなくても僕1人でも充分輝ける人だよって事を証明したいです。僕にしかない魅力もあるのでもう前だけを見て成長した姿を見せたいです。がんばります!!!!

大平 祥生

8/24

今日はステージ収録の本番でした。
自分はFなのでステージに上がれないはずでしたが
1ショット撮影ということで1曲フルで踊れることになりました
ステージの上で!! その時の感覚が最高に気持ち良すぎて
これからの101のやる気の元になると思います。
101人でパフォーマンスする事は今日で最後だということでした。
でも今日最高のステージを作れたので満足です。
これからはみんなライバル同士なのでこれからは
バチバチのバトルを見せたいと思います。
最後にこの20日間この101 JAPANのうら方のみなさまに
感謝の気持ちをつたえたいです。

大水 陸渡

2回目 2019年 8/11（水） おかだたけひーろー

いよいよ、2日後がクラス分けテストになりました。今日で死ぬほど練習したダンスは覚えることができました。とりあえず安心しました。今日の夜と明日は歌の練習にきりかえて、とりあえずミックスボイスを出せるようにしたいです。
今日もミックスボイスとうら声ミックスボイスの練習をしたんですが、なかなか出すことができなかったです。歌は教わったことが無いのでみんなよりはおとっていますが、すぐみんなにおいつきたいです。

とりあえず今を頑張ります。

（サイン）

배 고파

오카다 타케히로

日本からここへ来て覚えた言葉

岡田武大

マジャマジャ ＝ そうそう。 ＝ 맞아
ペゴッパ ＝ おなかすいた ＝ 배 고파 ?
チャルモッケスムニダ ＝ いただきます。 ＝ 잘 먹겠습니다
チャルモゴスムニダ ＝ ごちそうさまでした。 ＝ 잘 먹었습니다
コマウォヨ ＝ ありがと ＝ 고마워요

岡田 武大

9月12日(金)

今日は新しくじゃんくんがセンターになり丸一日練習することができたよyo!雰囲気もすごく良くて、団結力がより強くなった気がするぜ!絶対に勝ちたいのでどいや勝つので見ていてください!! ハクナマタタ 俺はデュのシンバだ!

Dクラスがダンスバトルで勝った景品がNIKEの靴でした!
まさか靴だとは誰も予想できなかったと思います。
飾りたい気持ちがありますがはきたい気持ちもあります!笑
ありがとうございます!リハーサルがんばります

岡野 海斗

10/19
僕は、しょうせいくんに選んでもらえて、本当に嬉しかったし、こんなに早く選ばれると思ってなかったのでびっくりしました。
その後、だいちくん みなとくん こうすけくん、あげくんとメンバーが決まって、すごくバランスのとれた良いチームだなと思って、しょうせいくんに感謝だなと思ったし、これから作っていくパフォーマンスが良い物になるだろうなとすごくワクワクしました。

曲は、みんなで話し合って「FIRE」か「Why?」がこうほにあがって、J-POPだったら「(RE)PLAY」が良いねってなりました。
障害物リレーでみんなが頑張ってくれたおかげで「(RE)PLAY」を選ぶことができて、嬉しかったです。

リーダーはみんな一致で、こうすけくんに決まりました。
ダンスがすごく上手だし、ポジションバトルのときに、すごく良いリーダーシップをとっていた姿を見ていたから、心強いし、自分のスキルアップにもつながりそうだなと思いました。

メインボーカルを決めるときは、だいちもボーカルで、やりたかったと思うけど、僕にまかせてくれました。ポジションバトルで僕はやりたかった、メインボーカルをできなかったので すごく嬉しかったし、まかせていただいたからには、チームに絶対こうけんするぞと思いました。

センターを決める時も、挑戦しないで後悔するのが嫌だったので手を挙げました。三浦大知さんの曲は、よくカバーさせていただいてて、自分の得意なダンス&ヴォーカルを発揮できると思ったので手を挙げました。結果はしょうせいくんになったんですが、絶対しょうせいくんならかっこよくやってくれると思うし、歌の面とかは、力になれればいいなと思いました。
グループバトルでも、自分らしく、コツコツけんきょに努力して、みんなと協力して、勝ちに行きたいです!!

男澤 直樹

9月6日(金)

今日はポジション決めでした!!
僕はボーカル志望です。が、しかし。
平凡な事をしてもつまらないと思い気持ちはダンスに行こうと決めていました。
ダンスは一番苦手です。だからこそ行ったらかっこいいな。と思いました。
でもこれは個人戦ではなく団体戦です。僕一人がダンス覚えれなくて足を引っぱればチームのみんなにも影響が出ます。その怖さもあって
ボーカルを選びました。←でもボーカルを選べた事じたい運が良かったと思います。

米津さんの「Lemon」を選びました。得意な曲です。
リーダーは渡辺くん←同い年!! メインボーカルは菅野くんです。

正直メインやりたかったけどしっかり客観視すると僕じゃないなと思いました。
だから菅野くんで大賛成!!(笑)

レモン
まだメンバー全員には言ってないんですが実は片上!!…
フェイクが大好き人間でカラオケに行くとアレンジかフェイクしてます。
なのでフェイクがやりたい。今までずっと見せ場がないししかも炎上している自分は大ピンチ。これをチャンスに変えるのは今しかないと思うので
あしたメンバー全員に伝えようと思います。リーダーには言いました。

また明日から元気に明るくがんばります!!

片上 勇士

8月15日

今日は、「ツカメ」パフォーマンス時の
Aグループのセンター決めがありました。
本当に本当にありがたいことに…センターに選んでいただけました。

他の練習生に選んでもらったということで、みんなからの期待を
せおって、先頭に立ちたいし、いいお手本となって、
全員をいい方向に引っぱれるようなセンターになりたいと思いました。

これがスタートなので、みんなから、たくさんささえてもらいながら、
パワーをもらいながら、練習にはげんでいきたいです。

Aグループのみんな、他のクラスの練習生のみんな、僕たちをいつも
ささえてくださっているスタッフのみなさん、これから僕たちを
応援してくれる全ての方々に感謝を絶対に忘れません。

がんばるぞ!!

Ren

川尻 蓮

10月20日（日）

今日は曲とチームが決まって初めての練習で、初めはすごく難しそうだと感じたけど、やっていくにつれて、良い風にできていて、少し安心したのと、センターをまかせてもらっているので、みなさんのいきおいに負けないようにがんばってチームで1位になって10万票をもらいたいです。

お兄さん達にたよりすぎてしまう部分があるのがくやしくて、自分から積極的に意見とかも言うようにして、チームをひっぱりたい。

でもやっぱり、ヒナくんとかレンくんはすごいなと思いました。

川西 拓実

2019年9月6日

今日からまた合宿スタート！

今までのポジション評価とグループ評価が一緒になった感じでほんとにびっくり。

でもとりあえず自分の音域とか声に合う「Lemon」えらべてよかった。

りくと君にえらんでもらえなかったの少し悔しかった。

あと、自分が声を出す機会あったらちゃんとどんな風にやるか考えなきゃダメだ。

そのあとリーダーになってプデュ48のチェウォンちゃんみたいにチーム支えていい結果残せたらな、と思ってたけど、無理だと思ってたセンター・メインボーカルにえらばせてもらえた。

みんながやりたいポジションで、自分よりも高い声出る人がいる中でなれたし、本当にチームの重要なポジションだから、歌・表情・存在感で少しでも上にチームを共に引っ張っていきたい。

ノド休めて、しっかり寝て、今日のことじっくり反省して、誰よりも努力し、そして誰からも応援したいと思われるセンターになろう。

夢に見たメインボーカル。ここで遠慮しないでしっかり自分のやりたいことは言おう。そして意見がブレたり消極的だったり一度言ったことを変えるのは本当にダメ。自信もって常に最善を考えて行動しよう。

応援してくれる人が、推しててよかったと思えるアイドルになる!!

お休み！

雅浩

菅野 雅浩

9月12日

今日は、本番まであと2日。

今日からしおんが合流です。声がなんと戻ったんです!? うれしすぎて、久々の5人での合わせは、涙が出そうでした…。

今日まで、全く先が見えなくて、不安でした

でも今日はじめて光が見えた。

あ〜よかった…。パートを変えずに歌えてよかった。5人で歌えてよかった。

この幸せをあとはステージで表現するだけ

絶対にこの曲で勝つ。

このメンバーで勝つ。

なにより国民プロデューサーに届ける。

見とけよ Bチーム!!!

北岡 謙人

10月23日（水）

やっと1点あげれるくらいの出来になりました。

上からになりますが、あと99点上げないとお見せできるものではないので完成度をもっともっと高めて国民プロデューサーの皆さんにアピールをしたいと思いました。

僕のグループは感情を表現するのが苦手な子が多いので本当に感情が出てきたらすごくかっこいいステージになると思います。

本当に不安もありますが楽しみが大きいです。

あと本番まで4日なのでしっかりと練習してどこよりも良いステージにします。

北川 暉

10月19日

今日は、グループバトルの曲決めがありました。
チームは、自分がメンバーを決めることができたので、
人間関係とか心配でしたが、6人中5人が"Fクラス"
ということが偶然起こり、安心しました。
曲決めリレーも見事1位を取ることができたので、
BLACKPINKを勝ち取ることができました。
明日から練習が始まるので、本番までに完璧に仕上げて
がんばりたいと思います。

北川 玲叶

9月12日（水）

声の出せる音域のせいにしたくないし、
ずっと頑張って自分ならできると信じて努力してきたのですが、
やはり今日の練習でみんなからそこの部分を他の人に変えようという
案がでて、その代わりを今日から戻ってきてくれた志音くんがやることに
なり一回試してみると、みんな納得していたし、正直僕がやるより
志音くんのほうが安心して任せられると思いました。ですが、やっぱり僕
はこの曲が本当に大好きだったし、絶対にこのパートを安定して歌える
ようになるために必死に努力してきたけど、結局上手く歌えなかったこと
がとても悔しくて、涙がでてしまいました。でもこれはみんなで作り上げて
いいものにするためなので、僕もしょうがないと思いました。とってもとっても
悔しいですが、今僕にあるパートを全力で歌ってみんなで最高のステージ
を作り上げます。そしてみんなで勝ちます!!

木原 汰一

8/24

今日は 本番でした。
始まった時は本当に長く感じたのですが、今日までがすごい！
あっというまでした。つらいこともたくさんあってにげだしたい
時がいっぱいありましたが、あきらめなかったからこそ
Aランクとして Aランクの人達とおどって成長できたと
思います。今日は本当にいっぱいおどって、キンチョーと
いうよりは、楽しいキブンでずっといられました。
最後にカミフブキや花火がでてきてびっくりしましたが
すごくキレイで感動しました。
Aランクの人達にはめっちゃめいわくをかけてきたのですが
最後は少しでも仲間!!と言う気持ちでステージに
立てたと思います。

そして、みなさん おつかれさまでした。
これからもよろしくお願いします。

木全 翔也

十月十九日

今日 グループバトルの めんばと 曲を きめました。
僕の チーム は れん、しゅうた、たくみ、じゅん、しゅんやに なりました。
めちゃくちゃ いい めんばが そろいました。うれしです。
いいもの つくれます。僕 リーダに なりましたけど
この すばらしい めんばの 中の リーダは けっこう おもい ですね。
かんばります。ぜったい かって 皆 のこるように。

キム ヒチョン

10月19日

きょうは みんなと ひゅがんぶりに であいました。ごぜんから いろんな じゅんびを しました。
じゅんびは ぴょうが あって すっと きんちょう しました。もし ぼくが おちるかもしらないし
みんなと わかれるのが いやでした。ぼくは 3人とも デビューの じゅんびに はいって
ほしいでした。
じゅんびは ぴょうが おわった あとは みんな なきました。ぼくも めっちゃ さびしくって みんなと ハグを しました。ぼくと ヒチョと ヨンフン は のこりました。
ですが けんごうと かつくんが おちって めっちゃ くやし(さびしい) でした。
かつくんが ぼくに "デビューを してください" て ゆってくれて ほんとうに うれしいかったし ぜったい デビュー を するために もっと がんばろう よ て かんがえました。ぼくを おうえんしてくれる れんしゅうせいの ぶんまで がんばって デビューを したいです。

みんなまた あいましょう〜!!

キム コンドン

8月15日 センター決め

今日はセンター決め投票があった。僕が指名したのはAランクのしおんです。理由はダンスも少しミスがあったし歌もギリギリな感じだったけど彼は人をひきつけるみりょくがあると思いました。
パフォーマンスの日に審査員にダメ出しされていたけど、そこがしおんのいいところで、しおんは気遣いできてやさしくて笑顔がとてもステキです。
しおんは選ばれなかったけど、僕の中でのセンターはしおんだということはまだ本人には言っていません。
蓮くんがセンターに選ばれた時はすごく納得ができた。あの人も人を引きつけるみりょくをもっている。ダンスと歌のバランスが良すぎる。みんなを引っぱっていけるような存在だと思う。

金城 碧海

8/18

最近、ダンスが上達してきて 初日の自分では想像できないぐらいになって 今すごく驚いています。
僕の今の目標は F の中で 1番上手くなることです。

絶対に追い抜いてみせます。頑張って練習するぞー!!
でも最近、疲労で身体が全身痛いです。

草地 稜之

8月14日

今日はドキドキの再結果の日でした。
朝からずっとずっと緊張してました。はっきり言うと、この日は嫌でした…。
結果は「C」でした。
たしかに、DからCに1つ上がることができました。
気持ちをパーセントに表わすと、うれしいが20%で悲しいが80%です。
「ツカメ It's COMING!」のステージにあがることはできますが、
アピールがうまくできず、「A・D」を[illegible]しまいましたし、良かったです。
トレーナーさん方は「Aでもまだまだなのに、あなた達はDにいる」この言葉がすごく響きました。
Aではなく、その上にいけるようにならなきゃいけません。

たしかに、どのランクでもがんばるのは変わりありません。
たくさんの国民プロデューサーに応援されるか、愛されるかが重要ですし、そういう番組です。
私は、ダンスも歌も上手くないですし、特別なにかをもっているわけではありません。
どうやったら、たくさんの方々に応援してくださるか、考え行動をします。
そして、ダンスと歌を誰よりも練習して練習して最高なパフォーマンスをしたいです。

グチェレス タクル

8月23日(土)
今日は収録当日でした。
Fクラスはあまり参加できずに終わると思っていたのですが
そんな事はありませんでした。
何度も全員で踊ったり、個人カメラで撮影したり
やる事盛りだくさん。
Fクラスはいなくても…。と思った事も多々ありましたが
今日本番を迎えてみて、誰1人欠けても駄目なんだ。
皆で1つのものを作ったんだという気持ちが強くなりました。
このメンバー全員で踊るのも最後、この舞台を作るために
支援して下さった全てのスタッフさんへの感謝、今までの頑張り等
色んな事を思い出して最後は涙があふれてきました。
自分がこんな素敵な企画に参加することが出来ていて嬉しいです。
でも欲を言うとステージの上で踊りたかったな…(笑) 自分のせい。
一応ひと段落しましたが、まだまだ終わりではありません。
今後は今までよりもっともっと努力して結果を残さなくてはいけません。
今日のこの想いを忘れず、残りの練習生生活を頑張ろうと思います。

熊澤 歩哉

8/15
ヘルニアの症状が日に日に増していく。
右足が痛い、神経痛がはしる、常に痛く、どんな体勢も正直しんどい。
ダンスの練習をしなくてはいけないし、したいのに身体の痛みの
せいで拒んでしまう。少しでも痛みを感じたくないから寝ようとしても
痛くてねれない〜。
ヘルニアを言い訳に練習を休むのは何か怖い。
けど心と身体が一致しない

早く帰りたい、早く友達に会いたい、早く好きな音楽を聴きたい
早くレッスンに行きたい、早くバイトもしたい
早くばあばちゃんと親父に会いたい。

黒川 竜聖

8月15日 合宿6日目

今日は朝からダンスバトルでした。あのんさんが司会、ゲストにフィッシュボーイさんが来てくださり、本当に盛り上がりました。アピールする場ということもあり、皆個性あふれるダンスをしていました。僕も何とかアピールしたいと思い、勇気をふりしぼって、最後の曲でステージに上がり、ダンスをし、ステージを盛り上げました。ダンスや歌、音楽が上手い下手関係なく、年齢関係なく、楽しみを与えて、盛り上げることができるということに本当に感動しました。
次に今日は、「ツカメ」テーマ曲のセンターを決めました。
Aチーム全員のパフォーマンスを見て投票でセンターが決まりました。
「れんくん」がセンターになりました。ダンスがとても上手いので本当にセンターにふさわしいと思いました。これから101人で最高のステージを作れるようにがんばりたいです。

河野 純喜

8月17日
・今日も朝ご飯を食べれた。フレークがあっておいしかった。明日もあったら食べよう。
・昨日見つけたロングパンツをはいて、練習に行けた。
・合宿も後半戦に入って、改めて気を引きしめなければいけない。
自分はここに何をしに来たのか、何を成したいのか。
22歳の大切な夏の大部分を使うということは、それだけ達成したいこと。
自分を変えたくてここに来た。どこが変わったか、
まだまだ成長できる。できないことがあっても練習してできるようにするだけ。できないことは自分のせいではなくて、
これから変えれることであったり、練習が足りてないだけ。
・部屋のメンバーもそれぞれ溜め込んでいる部分が多くなってきている。自分も大切にするべきだが、大切な友達にもいま一度改めて接し方を考える必要がある。
・カラーズ、青いベンチ、決意の朝に、君の好きな歌、Tochee off、夏恋、Cofe de ボッサ、カクセイ、愛にできることはまだあるかい
・喉の調子が悪い。声の出しすぎというより はれあがっている？
体調管理も大切。
・お父さん、お母さん元気かな。日本はまだ暑いかな。
自分が帰ったときにビックリさせられるくらいに大きくなってやるぞ！
・振りの変わった部分が6つほどある。
1つ1つの形を確認しながら、少しづつ早めてリズムもズレないように近づけていきたい。
・明日はプロフィール撮影く

古賀 一馬

8/18

今日は朝は自主練習とレッスン、午後からはレコーディングのテストだった。
早めに寝てもつかれがたまってるのかなかなかスッキリしない…
細かい所をレッスンで直してもらったから、明日復習して
万全な状態で101人合同練習に臨みたい。

レコーディングはほとんど緊張しなかったし、今まで自分が
出せなかったキーも出せたから嬉しかったけど、残念ながら
明日の本番に選ばれはしなかった。
でもデビューしたらレコーディングはまたできるし、その時に
向けてリズム取りから練習しよう。

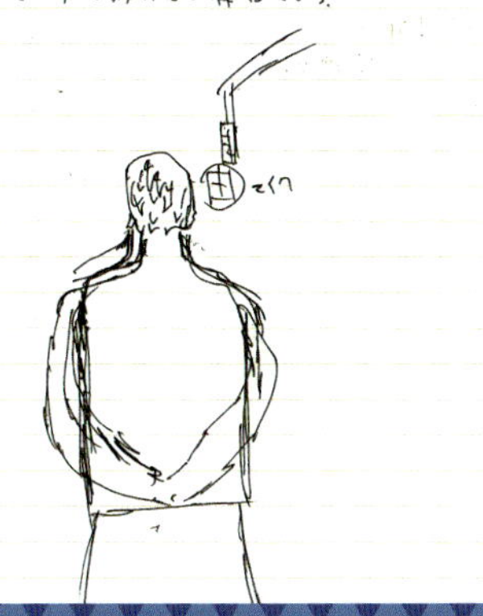

駒尺 雄樹

日本合宿　10月18日

第1回順位発表。

60位を残して1〜59位の発表。
番組内で発表した最終順位が90位代の人が
次々に呼ばれたので僕はすごく焦っていました。
皆の実力が認められることはすごく嬉しいけど、
僕はすごく残りたいのでどんどん焦りが大きくなって
いきました。
次々に呼ばれ20〜29位の発表になりました。
前回の放送は23位だったのでどうかなと思い
どきどきしながら待っていました。
24位玲叶が呼ばれ、内心「え、玲叶より順位
高くないのでは。これ呼ばれないんじゃないか」と思ってました。
そして23位の発表、呼ばれた名前は小松倖真
正直嬉しかったです。でも僕が目指している11位までにはほどとおいものでした。
でも、ここまでつれてきてくれたファンの方々は本当に
良い人達しかいないんだなと思いました。
もっと色々の人が目がいくようなアイドルに
になれるようこれからもがんばりますので
よろしくおねがいします。

小松 倖真

8/16 (金)

今日は宿舎で休む事になった。朝起きても治らずで1日を過ごす事た。

8/16なのでたしか日本では休みがある日だと思います まったく分かりませんが(笑)。

今日、日記を書いている時間は16:00 薬を飲んできて 楽になってきた。
でも2日間もダンス、歌が練習できてなかったので少し不安です。今日楽になっているので、
夜、練習しに行こうかなと思います。遅れを取ってられないし。
スタッフさん方に色々とご心配をおかけしてしまったので元気な姿でいたいです。

今回、本当にご迷惑をおかけしました。

スタッフさんの皆様、

本当にありがとうございました。

(대다니 감사합니다)

小山 省吾

8/14(水)
Day9：今日は、再評価の発表があった。自分のやったダンスにあまり自信を持てなかった昨日だったので、すごく不安でした。まわりのみんなも本当の実力をだせてなかったように見えました。「みんなができなかったから自分もできなくてよかった」ではなくて、みんなができなかったからこそ、差をつけるために完璧なパフォーマンスをしたかったです。結果を言いわたされるときはとても緊張しました。もらった紙はすぐ開かないように言われて、紙を持ってるときが1番緊張しました。結果は、1クラスアップのBでした。嬉しい気持ちより驚きのほうが大きかったです。どこがBになった理由なのかが気になりました。そして、不安が残ったままの発表だったので、Bに来てもみんなのレベルに自分の実力がついていけてるのかも、不安でした。でも自分の成長はここからなので、これからもこの結果に満足しないでがんばりたいです。

佐々木 真生

8/10 合宿 1日目

今日は課題曲の発表でした。
とてもかっこいい曲でした。ダンスも歌もかっこよかったんですが、難しかったです。
初めのフリ落しのとき、僕はフリをおぼえるのがとても苦手なため、すこしおくれてしまいました。
ダンスの練習でクラスで分けて踊ったとき、とても緊張したため、思ったように上手く踊れませんでした。
でも、この合宿で自分のクセやスキルをもっとアップさせていきたいです。
今日は歌のレッスンをやりました。歌はやってなかったので不安でした。歌をひたすら歌う練習をするかと思ったんですが、リズムとりをしました。
でも、ダンスをやっていたので、リズム感はありました。
なので、そんなに難しくなかったです。でも、歌にはいろいろな難しいことがあり、できるか不安です。
でもこのAを守るためがんばりたいです。

佐藤 景瑚

8/12

トレーニングセンターにきてから、Aのみんなとダンスのフリをしました。昨日よりついていけるようになって嬉しかった!!
あと今日は、家族宛てにお手紙を書きました。手紙を書いてる最中に、色々なことが思い浮かんできて、泣きそうになりました。今日も泣くところやった。危なかった。
あとは、おやつの時間に、みんなで、ピザを食べました。まさか、この練習期間の間で、こんなごうかなものが食べられるとは思っていませんでした。でも、ピザと一緒に、コーラもついてきて、太る。
その後に、Aクラスのみんなで1人ずつ本番通りパフォーマンスするのをしました。みんな緊張して、思ってた通りにできなかったです。でも、しやフリを飛ばしたところ以外は、ダンスキレッキレで、自分との差を感じました。
みんなは、一緒に頑張ろうと励ましてくれたけど、自分的には、ヤバイ。めちゃくちゃ焦ってきた。今日まで、3日間めちゃくちゃダンスの練習してきたのに、何でここに居るんやろうって何回も考える。元々は、Aクラスを目指して頑張ってきて、今その目指してたクラスにいるのに、自分は何かしたいかわからん。弱気になっとる。
でも、ついさっき電話できる時間があって、お父さんに電話しました。その時に、「毎日、目標持って頑張れ」と言われました。
なんか、ちょっとだけやけど、元気づけられた。お父さんには、元気やでって伝えたけど、ちょっと強がった。
明日がこの3日間頑張ってきたのを発表する時。どうも頼ばりと。
頑張り続ける。
できる限り練習して、今の自分の最大限を出す!
後悔だけは絶対しない!! わかったか!!

佐藤 來良

10/24(25)

今日は、雨の影響で合宿所に行けなかった。
今回の合宿では、今までの控えめだった自分から変われるようにたくさん努力したけど、今思えば、センターに再挑戦とか、自分だけじゃなくて皆までまき込んで練習する、とか、まだまだできることは頭に浮かんできた。
皆がいないところで自分でもたくさん練習したから、グループでも勝ちたいし、チーム内1位がのどから手が出る程欲しい。今までは目立ってなかったけど、少なからず変わって、成長できたとは思う。でも、まだこの評価で終わるわけには絶対いかないし、56位にいていいわけがない。デビューするんだから!
成長し続けたいし、し続けていく自信はある。前とはまた違った所を見せられたらいいなと思う。
練習した過去の自分や、チームメイト、送り迎えに協力して下さった家族やスタッフさん達がよかった、報われたと思える結果にしたい。
ベネフィットもゲットして、その後の(毎日の)投票でも毎日してもらいたい。
明日なりハで、明後日は本番だから、直すとこ直しつつ、褒めてもらった、歌・ダンスにステージ上では自信を持って、最高のパフォーマンスをしたい。
その放送では、パフォーマンス以外の魅力が国民プロデューサー。皆さんに伝わったら嬉しい。僕のからを破ってやろうという姿勢や、悔しさから今までよりも努力した姿に、良いなと思っていただけて、投票していただけたら嬉しい。
もっと前に出て! からを破ろう!

佐藤 隆士

8/15
今日はまさかの組分けでダンスバトルでした
手応えはイマイチでしたがみんなが盛り上げてくれたので楽しむことができました
スペシャルゲストのよしみんさんにも興奮しました
クラス関係なくみんなで雰囲気を作ったあの時間は幸せでした
そして「ツカメ」のセンター決めもありました
このproduce 101 Japanが始まる前からの知り合いで仲良くしていただいてた
Renくんがセンターになったことが嬉しかったです
頼りにしてるという言葉もかけてくれて、センター争いに参加できていない自分が悔いでいたがその一言で切り替えることができました
最高のセンターを全力で支えたいと思います

佐野 文哉

8/10（土）
今日は、テーマ曲が発表されました。「ツカメ 〜 It's coming 〜」
自分達が出演させていただくテーマ曲がこの曲かと想像したらすごい
鳥肌が立ちました。歌詞が今の自分にすごいささる歌詞で大切に歌っていき
たいです。レベルの高い曲なのでそれにふさわしいパフォーマンスができるように努力したい
と思います。僕は歌もダンスも誰かに教えていただくということがなかったので
色々教わって自分のレベルアップをしていけたらいいなと思いました。
韓国に来て生活がガラッと変わったので慣れていくのにも大変ですが
日本にいる、家族や友達に会えないのがさみしいです。すこし…
自分の生活のほとんどが撮影されているのにも慣れないし、知らない人と話すのも
苦手なので もっと自分の良さが伝わるように変わっていきたいです。
ランクがCから上に上がれるようにダンスも歌もがんばらないといけないので
仲間と一緒に支え合って再評価が嬉しい結果になるようにがんばる!!

ナインティンナインさん ミサンガありがとうございます！ 絶対夢叶えます!!

白岩 瑠姫

鈴木玄、　9月11日

超美味かった焼肉弁当!!

今日は、なんと停電&断水の生活環境から打って変わって
品川プリンスホテルでの最っ高に幸せなビュッフェでした!!!
めちゃくちゃ広くて、上品な雰囲気が漂う会場で、やっぱりホテル
は幸せだな〜とつくづく思いました。
食事もすごく美味しくて、あと1時間は居たいと感じる程でした（笑）
腹いっぱいになった後、何かどんよりとした雰囲気がある練習場
で、なかなか進まない自主練（グループ練習）を始めました。
始めは絶対に終わらせると決めてたのですが、結局最後まで
行けず、ホテルの部屋に戻ってからもチームみんなで僕たちの部屋に
集まって"しんけん"その物な会議を2時間して、無事終わりました。

鈴木 玄

9月11日
色々とバタバタした数日でした。
停電で、多くの場面で想定外の事が起きた時に練習生の
サポートを全面的にして下さったスタッフの皆さん、本当にありがとうございました。
今こうして何一つ不自由なく練習に取り組めていることに感謝の
気持ちで一杯です。今後もよろしくお願いします。
曲づくりに関しても、少しずつ前に進めています。
中間チェックでは先生にありがたいお言葉、厳しいお言葉を頂き
新しい課題に向き合う気付きをもらうことができました。
チームとして、完成度は高まってきているのでこのペースで詰めていくところを
詰めていき本番に合わせていきたいです。

そして個人として、
自信が無くなりつつあります。果たして生き残ることができるのか、
自分の武器とは何なのか、自分の魅力って何だろう、
「鈴木晨順」がよく分からないのが正直なところです。
韓国合宿、最初のクラス分けでFクラスになった時と同じくらい
くじけそうでギリギリな所に居ます。

チームも個人も、この合宿残り数日の中でもがくだけもがいてみます。
FからBに上がれたように、また奇跡起こします。根性見せます。

鈴木 晨順

8/13（火）
最悪な1日でした。再クラス分けテストでのパフォーマンスで
何一つ、やりたいことも、すべきこともできなくて。
次のクラスではFを覚悟しています。まだ決まっていませんが
どんなクラスでも抜け目のないパフォーマンスをできるようになりたいです。
そして久々に親と電話をしました。

今日のテストで自分は
何もできないルックスが人より少しいいだけの
ダサイ男と気付いたのでこれから人の倍の倍努力して
上のランク上の順位の奴らに食いついていこうと
思います。

鈴木 雅

8月15日
今日は収録でダンスバトルしました。ゲストにFISHBOYさんが来てくれてとても嬉しかったし、実は高校三年間渡辺高等学院というワタナベエンターテイメントの養成所に行っていて、FISHBOYさんをレッスン前とかに、ちょくちょく見つけていて、話したことは一度もありませんが、今回の収録で、なぜか自分の色々な不安を一時的に忘れることができました。一回だけダンスのステージで変なダンスをして、みんなに引かれちゃったかなと思っちゃったのですが、自分にとって、みんなの前で、何かをさらけ出したことによって少しだけ自分自身が成長できたのかなと思いました。又、今日はツカメ〜It's comingのセンター決めでもあってれん君がセンターに選ばれて、とても嬉しかったし、れん君がセンターに立ってみんなでパフォーマンスをしたら、とても凄い作品ができるなと思いました。
。足の右親指が靴ずれのせいか練習のせいかで青く腫れてしまっているので、ぬりぐすりをぬってバンソウコウで貼って、あまりむりに動かさないよう治ってくるまで気を付けます。
。喉の方も一日前から痛くて薬を飲んでできる限りの場所でマスクをするようにして、喉のケアをしようと思います。

高野 慧

8/20 オフの日。
今日は朝からサムギョ プサルパーティーでした。
いや、めっちゃ美味いやん！
となりの席のヨンフンが上手な焼き方をしていたので、
真似して僕も同じ焼き方をしたらおいしく焼けました。
12時に宿舎出てソウル市内をバスで移動してて思ったのが、
メッチャ歩きたいわ！
そして昔の王様の宮殿の別荘に行き、ソウルタワーについた
時にタピオカミンクティー（黒糖）を配給してくれた時に
うわっ！まってました!! って感じでした。
最後にみんなで焼き肉を食べた時、
牛肉のバラがとても美味くてびっくりしたのと、
なかなか白飯がこなくてイライラしたのと、煙で
目がやられたのと、今日絶対太ったやん!!
結果：今日めっちゃ楽しめました！

瀧澤 翼

9/1 今日はワーナーさんのレッスンを受けました。僕たちのチームにたくさん時間をかけてくださいました。いつも以上に厳しい指導でチームがすごく引きしまった気がします。本番まで、残りわずかなので、もっと練習に集中してがんばろうと思いました。

田口 馨也

8月11日（水）
今日リーダーを決め直すと案が出た
でも皆で■ちゃんと腹の底から話し合い
リーダーは変えないちへ。
ダンスに関してはオレが引っぱらないと
だから
ちゃんと練習できるのは明日のみ
なので明日はやれる事以上の事をする

ダンスでは負けねーかんな卍

こちとら人生かけとんねん!!

気合いvibes yo!!

田中 雄也

10/18

きょうは ほうとうが はじめて はじめて れんしゅうせいと あった。めっちゃ しあわせだったんですが すぐに じんい はっぴょうを しました。けんごと れいやと さとしと そのいがいの れんしゅうせいの みなさんの がおを みて なみだが でた。よそできなかったから ぼくも びくりした。そのひとと みままで つくった おもいでが おもいだして いままで いっしょうに がんはったのが おもいだして かなしかった。さいしょの さつえい しながら こうかいすること でしたが さいしょうがんじ だった。ぼくが もっと いっしょけんめい その れんしゅうせい ぶんまで して さいごまで いきます! やくとく しました。あしたからは 60人 です。ちょっと さびしいかも しらないんですが しょがない! がんばります!!

あ、ぼくに てうひょう してくれた ファンの みなさん あざす!! もっと がんばって ぼくを おうえん するのが はずかしくないように します!! いっしょに いこ!! ♡

チョン ヨンフン

9/14

今日は「FIRE」の振りを一から練習して、

一応、ダンスブレイク前まで行くことができました。

やはり「FIRE」のチームは実力者が多いので、僕は足を引っぱらないようにもっと頑張ります。今回はアベンジャーズチームの蓮くんチームに引けをとらないくらいバチバチに仕上げます。でも、僕のお守りでもあり、宝物でもあるネックレスが今ないので少し首元が寂しいです。ついつい首を触っちゃいます笑。

鶴房 汐恩

10/24 (木)　ダンス中間発表.

やっぱり振付の間違いをしてしまう所があってそこを指摘された。課題はたくさんあったから当然の評価だったんだけど、まだまだ先がある感じがして道のりが長い…　でも、このグループはみんな俺のことを盛り上げてくれるし、優しく接してくれる。何よりも諦めないで指導をしてくれるから嬉しい。毎回言うけど、このみんなの期待に応えて結果を残したいなと思う。ダンスは最初とは全く違う感じになっているし、みんなで決めたコンセプトも一生懸命みんなで作り出そうとしているし、何よりも頑張ろうとしている。

だけど、まだまだ意見のぶつかり合いとかがあるしグループがひとつかというとそうではないけど、大丈夫だと思う。コミュニケーションは増えてきているし、笑顔もたくさん見れるようになってきた。リーダーの紫音が本当に良いムードメーカーになってくれているから雰囲気が明るい。あと俺は頼りがいがあるから俺のやることが無くなってしまう。良いことなのかもしれないけど、俺の出番が全くない。

「ダンス」この3文字のカタカナの言葉が「天使」となるか「悪魔」になるのか、俺には分からないけど、できることはしっかりとやって結果挑みたいと思います。明日の練習でしっかりと追い込んで体に振付を染み込ませたい。

寺師 敬

8/10

韓国に来てもう4日も経っちゃった。曜日の感覚がもうないけど、とにかくめちゃくちゃ楽しい。クラス分けでBになって、一番上じゃないけど、元々の仲良い友達とも一緒に踊れてすっごい幸せ！予想以上に自分達のテーマ曲がかっこよすぎてテンションあがりまくってやばい!!　ぜったいかっこよく踊ってみせる!!!

この数日間だけでたくさんの人と出会えて話せて、みんな俺の名前を覚えてくれて、パフォーマンスめっちゃほめてくれてほんとに嬉しかった。今日も自分らしく、自分に出来ることで、他の人にダンスを教えたりもしたけど、これからも頼もしいって思われる存在でいたいな

東郷 良樹

8/24

今日はおとといからのカゼが心配でしたが、

なんとか体調は回復しました。本番に、体調不良で臨みたくなかったので朝起きて本当に安心したし、頑張ろうと思えました。本番が始まると、みんな目の色を変えて必死でした。僕も口を動かし、表情を頑張り、振りを間違えないようにするのに毎回必死で踊りました。1Shotぐの撮影で表情をどうするか直前になってあせってしまいました。またそのせいでダンスも中途半端になってしまい、後悔してしまいました。これからは、家でも表情の練習をし、ダンスも独学でも練習しようと思いました。
最後のフィナーレでの火薬をつかったり紙ふぶきのところだったりはみんな感動、興奮していて、僕も泣きそうでした。
でも僕にとっては歌もダンスも初めてした曲なのでここからが始まりと思ったので泣くのはガマンし、次からもっとレベルを上げようと思わせてくれました。日本にかえってもがんばり続けます。

努力するだけ!!!

床波 志音

8/13(火)

クラス分け本番当日。目覚まし時計が鳴らなくて、出発の10分前に目が覚めて焦った日だった。
十分にがんばったからやるだけだといきごんでいた。
Cクラスのみんなが優しかったからパフォーマンスはしやすかった。
だけども、実際少しきんちょうして思い通りにいかなくて悔しかった。
もっと、努力が必要だ。
久しぶりに携帯を触らせてもらって、親に電話をかけることができた。
たわいのない親との会話がすごくウルッときた。
普段の生活では絶対感じることができないことだ。
そんなことも含めて、この体験に感謝した。

中川 勝就

★2019.09.08(日)

今日は寺師ジャパンの皆んなでたくさん練習しました。
練習を重ねていくうちに少しずついつもの感覚が
戻って来て、聞いていたAチームの龍太くんや純喜くん・直樹に
褒められました。嬉ピスです♡
思い返せば韓国合宿からここまではほぼ歌って来なかったので、昨日今日歌って
やっといつものぎんすけが復活してまいりました。(少しずつではあるけど♡)
当然ぎんはまだ何も結果を残せていないので、満足も納得もしていません。
今回は結果だけを追い求めて貪欲に研究を繰り返します。
そして必ず大下克上を起こして、聞いてくださる方の心に響く歌を届けます。
ぎんはやると決めれば必ずやります。 「手紙」by. Sayaka Yasukura
本番を想定して、緊張感を持って、まずは10日の中間発表に向けて
より良いWherever you areを創れるようにします。
喉や心身の健康管理も万全にして毎日大切に自分と闘っていきたい。
らいら、てらっしー、ともくん、しんじゅん、ワシで
団結して打倒Aチームを達成すべく頑張りたい。
このメンバーで輝きたい。

中川 吟亮

中里 空 8/14

今日は、再評価の結果発表がありました。
僕は結果、Bクラスでした。本当に本当に悔しいです。
どれだけ考えても、いい方向に考えても、なっとくがいかないし、
悔しいです。周りの人がどんどん、クラスがおちていく中で、僕は
Bクラスに上がることが出来たけど、周りの人がいて、仲間がいて、
支えられて、ここまでくることが出来たと思ってます。
うれしいけど、あと一歩でAクラスだったのに……と思うと
本当に悔しいです。その中で僕のパートナーの
スカイ君がFに行ってしまったことが本当に何でイヤでたまりません。なっとくいかないし、きじゅんが本当にわからんし、
一緒にこれまでがんばって来たのに、そういう評価に
なってしまったから悔しいです。(泣)でもまだ終わってないし、上がって来てくれることを、心から願っています。
ぼくもBで一番になります。

中里 空

10月18日

順位発表式でした。
44位、75位、89位と中間発表で
順位が下がり続けていたので
正直、残れる自信がなかった。
でも人生をかけて挑戦してるので
あきらめたくない。1%でも
信じようと思いました。
まだ国民プロデューサーの皆さんに
発見してもらえていない今です。
53位という残れる順位になれたので、
このチャンスをムダにせずに
次のバトル自分を成長させて
目にとまるパフォーマンスをします。
ここからが新たな挑戦です。
僕を見つけて！

中谷 日向

8/24（土）
今日はいよいよ撮影本番。
めちゃめちゃ緊張しました。朝から、3回連続でいきなり
撮影が始まりました。
最初は長くなりそうで大変だなと思っていたんですが
だんだん終わりに近づくにつれて、まだまだ踊っていたいと
思いました。
この10日間ほんとにみんなでずっと頑張ってきて、苦しかったり
落ちこんだ時もあったんですけど、それでも101人みんなでのりこえてきて
本番をむかえられたのが何より良かったです。
周りのスタッフさんたちにも本当に感謝しています。無事に撮影が
終われたのもスタッフさんが支えてくれたおかげです。
そして、これからが勝負です。国民プロデューサーのみなさんに
目をむけられるように全力でがんばります。

中西 直樹

10月18日　土曜日　　中野 龍之介

今日ははじめての順位発表式でした。

60位以下は脱落してしまうので本当に怖かったです。

38位で名前が呼ばれて本当に良かったです。

60人全員が呼ばれて呼ばれてない人の所に、れいやくん、げんくん

ゆうやくん、はやとくんがいて、一緒にもう合宿が出来ないのかと、

思ってとてもさみしくなりました。

順位発表式が終わって、ゆうやくんの所にいったら「これからどうしよう。」って

言ってたので、自分よりスキルのあるゆうやくんが落ちてしまったので、

とてももうしわけなかったです。

ゆうやくんに、絶体に最後までのこれよって言われたので

ゆうやくんとの約束をたっせいできるように、がんばります。

中野 龍之介

2019年　10月　22日

今日は、倖真（こうしん）の誕生日でした。おめでとう！

そんな今日は、ひたすら練習という日でした。そのおかげもあり

フリが完成したので良かったです。後はくりかえすだけなので

完成度を高めていきたいです。だけど、チームでいろいろ言えてなかったけど

言いだしてくれて、話し合いがありました。そこで、思ってること

感じてることを言ってくれました。その中に自分が先に気づいて

話していればと思うことが多々ありました。リーダーなのに

そういう所に気づけていなかった自分がださいなと思いました。

もっとリーダーとして周りを見ないといけないと思います。

また明日から、さらに気を引きしめていきたいです。

中林 登生

8月20日　火曜日
初めての韓国観行、最高でした。朝には、僕の大好きなサムギョプサルをお腹いっぱいに食べて、お昼には昌慶宮という文化遺産を見に行き、ソウルタワーに到着する前に韓国で今一番有名な僕の名前が入ったタピオカを飲むことができ、めちゃめちゃおいしかったです!?♪
ソウルタワーでは、ソウル市が一望でき、ソウル市の大きさを知ることができました。そして、夜は焼肉! みんなで楽しく、おいしく食べることができて、今日一日最高でした。丸一日付き合ってくれたスタッフの皆さん本当にありがとうございました。明日からも頑張ります! よろしくお願いします〜!!

中本 大賀

9/7(土)
練習始まった。自分のチームは制作経験のあるメンバーが少なかったから振りつけに大くせんしている。かなりつらいし、不安でしかたがない。他の人にたよることもできないし、チーム内で話し合ってもなにも解決しないし、本当にどうしていいのかわからない。
自分は人より特別　外見がいいわけじゃないし、ダンスがうまいわけでも歌がうまいわけでもない。コレと言った個性がないから国民プロデューサーのみなさまからpickしていただけるわけないからこのポジションバトルで1000票をもらわないとたぶん残留することは無理だと思ってる。だからこそ負けたくない。でも今日Aクラスの実力を見て勝つのは無理かもなって思った。たぶんこれが最後の合宿になるから自分のやれることはやってみようと思う。

西 涼太郎

10/18　1次順位発表
前回92位でもうダメだと思っていて、その中で不安な気持ちをかかえながら、これにのぞみました。なんて言葉でいっていいか分からないんですが、52位といってもらえたときは本当にうれしかったです。絶対に脱落した人たちの想い忘れません。全力でアピールして全力で練習して、次も絶対残ります。負けません。
仲良い子たちがかなり脱落して、かずきくんもしてしまいました。本当につらいです。かずきくんは昨日芸能神社まで行ったんよ…って自分のことも合格するようにおまいりしてたのに…

西尾 航暉

9/10
負けたくない!

西野 友也

9/12
HAPPY BIRTHDAY リハ前 最後の練習日でした。
今日になっても 未だ 未確定な部分だらけで
他のチームと比べても 進行具合の遅さは
明らかで....
練習終了時間の1時間くらい前にやっと
全てが確定しました。

パートも本当に悩んだのですが、
後悔だけはしたくないし、メンバーにも
させたくないので、リュウとのパートを
変更することにしました。
リュウとの中で、それが吹っきれたかは分かりませんが、
切り替えて練習に参加してくれたので
本当に助かりました。

いろんなことを考えすぎてうまくチームを
引っぱれないし、みんなを不安にさせてしまっている。
今日一日は、「リーダーとは何か」
「引っぱるとは何か」ということを
ひたすら考えさせられる日でした。

ただあともう少しで本番。
残り少ない日数ですが、しっかりみんなで
一つになって良いものを作って、
みんなで勝ち残りたいと思います！！

西山 和貴

8/14(水) 今日は21才の誕生日です。21年間で一番悔しい日になりました。
眠っても変わらない結果と現実がつきつけられました。本当に悔しくて、切なく
たった一つの結果で変わると思うと、どうしたらいいのか初めわからなく
何をしたらいいのかもよくわからないほど、悔しかったです。
ステージにも出られないと考えると、言葉にできないほど切なく感じました。
なかなか切り替えれず、自分の中で、そこまでF stayのままほど悪かったと
思っていなかったので、期待していた部分があったので、でももう本当にこれが
自分なりにアピールしていくしかないと思いました。

101人の中で一番感情豊かで気持ちが熱いと思っています。
その分人より傷ついて考えるし、その分人よりも嬉しかったら喜ぶし、
よく人に言われるのは、本当に人間らしいと言われます。
なので、そういう部分、自分は人間らしくそのままの自分でがんばって
いきたいです。レベルはFランクですけど、絶対に悔いなく
終わらせて、自分が納得いくぐらいがんばって、人より前に出て
いこうと思います。

beliveing in myself. beliving you can do it whatever you want
if set your mind. by Justin Bieber.

長谷川 怜央

8月14日(水)
クラス分け、B→Bでした。ちょっと期待した自分がいたので、悔しいです。
でも、Bに仲の良いしょーちゃんが来てくれてちょっと安心しました。
2人でAに行こうって話してたら、2人でBになってもーた。笑
お互いダンスとボーカルが得意だから、教え合いたいと思います！！

秦 健豪

10/18 第1回 順位発表式

・今日は第一回順位発表式でした。
正直、炎上してしまっていたので、順位は下がっていると思っていましたが、
上がっていて、結果18位でした。
僕の事を信じて応援してくれた国民プロデューサーに感謝です。
脱落してしまったみんなの分まで、精一杯頑張ります。

林 龍太

9/7(土) はれ　インタビュー自分の顔がへんにうつってないか心配だけどたのしい！
今日は6時なんふんかのバスにのり、練習場に向かった。すぐごはん。韓国とちがって食べなれてる食事だったので、するするとおなかに入った。そして、練習！ふりつけを考える人の1人になったのでサビの後半部分をセクシーのコンセプトでつくった。あと1人はふみやくんで、かっこいいクールな感じのをつくってくれてたので、個人的にはかんきゅうがあっておもしろいと思った！おぼえるのがおそいから、おどれるまで、わーってなって変なかんじになる。ワーナー先生に見てもらった。その時にも言われて、1人だけふわっとしててちがうと言われた。まだおぼえられてないからだろうけど、それが出てたし自信もなさそう、と言われたので、それは自分でも思っていたので、次見てもらう時は今回みたいな事は言われないで、1番いいって心の中で思ってもらえるようにがんばる。ふりつけした所もみてもらって、リズムのとりかたをしっかりしたらいいと思うって言ってくれたので、良かった！おわったあともグループのみんなとフォメーション、こうせい、自分のパートのふりつけを考えた。だけど、コピーがOKってなってたので、コピーしようという流れになってしまった。そこからちょっと変えたりしよう！みたいな！自分たちで作ったふりもみんなでそろえばかっこいいと思っていたから、今ある作った所はそのままでもよさそうだけど、、コピーのほうがプロのふりつけしが作っているからいいのかなぁー、セブンティーンのファンとかはどっちの方が見てよろこんでくれるのだろう、って思った！へんになってたたかれないように、チームでしこうさくごしたい。

福地 正

（10.18）

第一回 順位発表当日。
僕は、一回も60位以内に入いったことなかったので、
すごく足どりが重くモチベーションを上げることがむずかしかったです。
「あぁ、このキャリーバッグをもって、またすぐにこの道をもどるのか」と
ずっと考えていました。

~~しかし~~
収録がスタートしやはり古屋亮人の名前がよばれることは、
ありませんでした。59位〜1位まで発表され、もう絶望でした。
でも、今まで一緒にいた子がよばれるとすごくうれしかったです。
むずかしい感情になりました。

でも僕は、ギリギリ60位の席にすわることができました。
うれしかったです。

なにもない僕だけど、チャレンジしたら、ここまでこれた。
すごくうれしいです。

みてる人たちに「可能性」をしめしたくてここにいます。
60位にのこれなかった人の分もせおいがんばります。

古屋 亮人

2019、9、14、　ポジションバトル本番！

今日はポジションバトル本番でした。
とりあえず　勝ちました!!　良かった!!
本当に良かった。本当にがんばってくれたチームメンバーに感謝。
めちゃくちゃつらい練習だったと思うし、めちゃくちゃ怒ったりもしたし
本当につらかった1週間だと思う。がんばってくれてありがとう。
勝てて本当に良かった。みんなありがと〜!!
そして　ダンスでも1位もらえました。本当にありがとうございます。
この1週間本当につらかった。どりょくがむくわれました。そんな気がしました
ありがとうございました
これからも気を引き締めてがんばりたいと思います!!

本田 康祐

9/11
今はリーダーとなったツバサが、自分と
同じ思いをしてる。本当に同じ瞬間に
同じことを考えているのだろうな、とわかるし、
その苦労も悩みも怒りも痛いほど
わかる。その負担も責任もそう。
それでも、メンバーは素直に自分の感情を
言っていいけど、リーダーだけは、それでは
いけないことがある。
だからこそ、葛藤があるし、辛い。
でも、それをそのまま伝えては、チームが壊れてしまうし、
それはツバサ自身もわかっているはず。
だから、今はツバサのメンタルケア、ストレスケアを
してあげたい。リーダーをしていた自分だからこそ、
わかってあげられるし、聞いてあげられることがある。
リーダーをできるということは、リーダーを助ける
一番のフォロワーにもなれるということだと思うから、
それが、今自分がグループに貢献できる
一番の方法だと思うし、支えてあげたい。
本気で練習できるのもあと1日…。頑張る！

松倉 悠

10/19（木曜日）

昨日はグループ評価決めでした。今回は順位が高い人から
選んでいくというシステムでした。自分は2位というありがたい
順位なので選ぶことができました。本当はしこくんに選ばれたかった
というのはありました。でもここで僕もしっかりがんばってしこくん
に勝ちたいと思います。曲はファイヤーになったのでこのチームで
10万を勝ちとりたいと思います。あと1週間ほどしかないからしっかり
練習していきたいと思います。

豆原 一成

10月19日

今日は、グループ評価のメンバー決めと課題決めがありました。メンバー決めでは順位の
高い人順から欲しい人を選んでいくという方法でした。結果僕は売れ残ってしまいました。
とても残念でした。でも残った人が他のチームに1人入れるというチャンスがありました。
最初は自分の実力に合ったチームに入るのが良いと思っていたけどそんな考えじゃ人生は
変えれないと思って勇気を出して亮ちゃんのチームに入れさせてもらいました。自分がいなかったら
グループで1位をねらっていけるチームだと思うので自分のせいでチームの足を引っぱらない
用に明日から全力で頑張ります。

磨田 寛大

10/22　練習3日目

今日の出来事

つばさは、一人で負担を感じている

僕は最初のインタビューでも話した通り、リーダーをそばで支えたり、
チームを調和する立場にいつもいる人間だからリーダーに立候補はせず
今日もそんな僕が出来ることはつばさの話を聞くということだと
思った

つばさは一緒にポジションをつかむために一番多く、挑戦した
仲間なので一番況ぐうが似ていたかい

振りは完成しましたが、まだまだ制度を上げることが大事。
チーム一がんとなって頑張ります。
自分が沢山努力して、一位を絶対とりたい。
このチームで一番のパフォーマンスが出来るように頑張ります。

三井 瞭

9/12（火）

明日、13日は誕生日

今日はハモりとコーラスを仕上げた。
皆、積極的に協力して、練習に取り組んだ。
進みも早くて良い練習でした。練習は静かな場
所でやるのがやっぱりいいな。
明日は衣装とメイクをして本番のステージリハーサル
なのでとても楽しみです。そして明日9月13日は僕の
誕生日なので、なにかプレゼントが欲しいな。
誕生日の次の日は、本番のステージなので
観らんに来てくれた国民プロデューサーの皆様
が僕に投票してくれたら本当に最高の誕生日
プレゼントです。
投票して頂けるよう、最高のパフォーマンスをしま
す。

おやすみなさい

宮里 龍斗志

9/6
久しぶりにみんなと会えて嬉しかった。
ボードで曲が発表された時、HIGH LIGHTだけ目に入った。
裏に行って蓮くんがいてとても嬉しかった。
メンバーを決める時自分は呼ばれないと思った
自分はかっこよくないので曲の雰囲気に合わないと思い呼ばれないと思った
最後に自分が呼ばれて嬉しかった。
自分の出せる最大限の力を尽くし、チームに貢献したい。
リーダー決めとセンター決めがあり、結果としてはどちらも蓮くんになった。
蓮くんが「全員がセンターになってるつもり」と言ってたので
全員で協力してがんばりたい

宮島 優心

~~[illegible]~~ 9月6日
今日は朝から、まちかねのポジション評価のポジションと課題決めがありました。~~ボーカルやダンスの課題の[illegible]~~ ボーカルやダンスもあったけど、ぼくは最初一目見た時からラップに決めていました。ていうよりかはラップがやりたかったです。続々と人が選ばれていく間、たったの8枠しかないラップポジションの定員がいっぱいになってしまったらどうしようとぼくの胸はずっとドキドキしていました。そして、ラップの板の上にメがはりつけられる前にナイナイさんに名前を呼んでもらえた時は、ホンマにホンマにめっちゃくちゃ嬉しかったです。と、同時に、ぶちかますぞっ!!ていうやる気と、緊張と、不安と眠気が襲ってきました。実は、昨日の夜、脱落したらどうしようと思って一睡も出来なかったのです。ぼくは新幹線の中とかでもしっかりと寝れるタイプではないのですっかり困ってしまいました。
それはさておき、ラップチームとは[illegible]
早速チーム分けに取りかかりました。最初にラップポジションを選んだ岡野海斗くんが一人ずつ指名をしていきました。その結果、ぼくのチームは、ぼく森慎二郎、鈴木おやびくん、三井りょうくん、山本けんたくんというメンバーに決定しました。皆実力者ぞろいで、めっちゃええチームやなと思ったし、それ以上にステージの上で、メンバーとラップでパフォーマンスを出来るということが嬉しくて仕方ありませんでした。
その後は、チームのリーダー決めと、メインラッパーを決めたのですが、リーダーは、Fクラスにいた時からダンスを教えてくれたりしてお世話になっていた鈴木おやびくんに決まり、メインラッパーは山本けんたくんに決まりました。メインラッパーはぼくもなりたくて立候補したので、選ばれなかったのは少し悔しかったけど、けんたくんのラップもかっこいいので納得しました。このメンバーでポジション評価1位をとって1万4千票を獲得して、また、[illegible]が歌いたい部分のところに[illegible]たいです!

森 慎二郎

10月18日(土)
今日は、初回の順位発表の日。何日も前から、ずっときんちょうしていた。結果は58位。自分的にはもっと上に目指したい。~~これからは~~
今までずっと一緒にやってきた仲間たちが、これからいないと考えると本当につらくて涙がとまらなかった。落ちてしまった人たちの分までも僕は本当に一生懸命努力しようと思った日だった。
昨日で本当にこの番組の現実さを知った。
これから、もっと上に行くためにがんばるぞ!

山田 恭

当日
2019.8.24(土)
今日は5時に起きて準備して5時55分に集合、6時メイク開始。最初メイクされたときナチュラルすぎてびっくりしたけどちゃんとメイクしていただけてよかった。撮影はとにかくきざみきざみのスケジュールでAから始まってA～Fまでとナイナイさんとの収録で岡村さんが僕たちがきんちょうしてるのを察したのかわざとまちがえてくれて場がなごやかになってさすがだなと思った。Fはステージに上がれないから下で踊ってすごく悔しかった。でもこの場所でどれだけ笑顔で全力で踊れるかだと思ったから僕は全力で楽しんで踊った。リンさんに笑顔と言われてたのでそれを心がけて踊った。渋谷のビジョンにうつるCMをとるのも楽しかった。そのあとワンショット撮影でカメラ目線で初めてステージで踊れたのが感動と嬉しさで最高の気持ちになった。ラスト2回の撮影はもう終わるんだなと言う想いがあふれてきて感動した。終わったあといろんな想いが込み上げてきて涙した。本当に楽しい韓国合宿だった。

山田 聡

101 日記　8/24 (土)

今日は、101人パフォーマンス本番でした。

今日までの約3週間色々な事があった　4人グループだったのが3人になるところからスタートしてクラス分けがあったりそして再評価があったり色々大変なことが多い合宿でした。

今日、101人のパフォーマンスをして最後の紙ふぶきがあがった時はおどっていてテンションがMAXになりました！

リロどりのやつはふり向くタイミングを間違ってしまってしょうじきとり直ししたいです(泣)

今日全部のパフォーマンスをおえてみんなでやりきった達成感と感動がこみあげてきて終った後泣きそうだったけど泣きたくなかったからこらえてたら1人のスタッフにバレちゃいました。

自分はまだ16歳でこんなに大きいところで色々な経験をすることができたのでこれからの人生にいかしていきたい

この101人のパフォーマンスが最後じゃなく始まりにすぎないので気持ちをきりかえて次のパフォーマンスもがんばりたいです。

あと、日本に帰ったら韓国のスタッフに会えないのが悲しいです、

山本 健太

2019.9.11(水)

今日も声が出なかった。

菅井先生に相談したら裏声にしても良いと言っていたが本音は地声で張りたいし

メインなのでばっちり決めたいのに

本番まで地声でいけるように頑張ります。

声が出ないのでメインを誰かに交代するのか、

裏声で歌ってはくりょくの無い感じで

歌うのか、地声で歌って失敗するか、成功しても

聞きごこちは悪い声になるのか良い声になるのか

たくさんの思いがまざってもうどうしたら良いのか、

わからなくなってきました。こんなメインで

申し訳ない。

結城 樹

10/22 (火)

＜フリつけ開始!!＞

今日一日でダンスの立ち位置とフリつけを一応ひと通り終わらせて、みんなで合せる作業をやりました。

ただ、まだまだ、まとまった感じではないので、今日とった動画を見かえして、なおすところはなおしてもっと良いものを作ろうと思いました。

でも、ダンスのふりつけを出来ないところがすごくもうし訳ないのが、すごいあります。

だからと言って、何も言わないのはリーダーをやってる上で意味がないので、客観的に見て、国民プロデューサの皆さんの目線で、ふりつけの悪い所と良い所をしっかり見きわめていきたいと思ってます。

與那城 奨

9/11　歌(グループ自主練)

自分が歌うパートがなくなってしまうかもしれない日でした。
すがい先生のレッスンの時に「とても忘れられない、それだけが確かな」を歌ってみてよければ僕が歌いできなければはずされるという重圧の中歌った　そして歌いきる事ができた。

メンバー的には納得のいってない人もいたが、この場所を歌うのはみんなの期待を背負っているという意識をもって歌いたい。

みんなとの意思交換をおろそかにしてしまっていたので何回も言ってしまっているが、申し訳なさはかかえていかないといけない。

言葉ではなく行動していかなければ、信頼は生まれない事を知った。

何回も言ってくれたメンバーに感謝しなければならない。

また今日は構成などの練習をし、本番への期待が高まった。

全員の為にもけがをなくしパフォーマンスで恩返しをする。

米原 尚平

2019.8.14(水)

努力がまだ足りんぞ、俺。

周りがしてるからの行動ではなく、人に努力を見せつけれるぐらい努力しろよ。

PRODUCE 101 JAPANは始まったばかり
国民プロデューサーが自分に投票してくれるように
いいパフォーマンス、いい歌、元気を届けられるように
努力しろよ、公貴

渡邉 公貴

2019.9.7(土)

絶対に負けない。
チーム戦だから。

渡邉 大貴

10月18日(金) 第1回 順位発表式

O.Aを待ったりして前回の日記から1ヶ月が経ちました。
この日記を今こうして順位発表の終わったあと書けているということは
60位圏内に入れて生き残れたということです。とても嬉しいです。
順位発表前の最終順位は下から4番目の95位でした。
正直発表式に来る前は完全にあきらめていました。なぜなら希望ポジションにも行けず、ポジション評価の対決でも相手チームにも負けてベネフィットもなく、ランキングは95位で、あきらめざるおえないぐらい重なりに重なって待つ事しかできなくて もどかしくて とても辛らかったです…。
結果をどんどん呼ばれ、まずは59~51位が呼ばれ、可能性があり呼ばれるとしたらここしかないと思ってたけど、ぼくが呼ばれることもなく59~51位が終わってしまいきぼうを無くしてました。でも、なんと、48位でぼくの名前がナイナイさんの口から呼ばれた時は、まさかすぎて、手と足の震えが止まらなくて周りの練習生が、やっと踊れるね とか 報われたね とか、自分のように嬉しいとかいってくれる仲間がいて、本当に恵まれてるなと思いました。
他の脱落してしまった、練習生の分はもちろん、特に、ポジション評価で一緒だった、Lemon 2組の、菅野くん 長谷川くん 木原くん の分まで、本当に頑張ります。全身全霊をかけて挑戦します。
マジでみんなの思い背負ってデビューします。
有言実行します。

渡辺 龍星

Q1. あなたにとってPRODUCE 101 JAPANとは?
Q2. 好きな女性のタイプは?
Q3. 一番の宝物は?
Q4. プライベートで最近笑ったこと、泣いたことは?
Q5. 自分を応援してくれたファンへ、感謝のメッセージをお願いします!

アンケート回収日:2019年10月17日

青木 聖波（アオキ マサナミ）

生年月日　2001年8月4日
血液型　A型
星座　獅子座

A1. 進路に悩んでいた時に見つけた新しい道。　**A2.** 笑顔が素敵で、話し合いがしっかりできる人。　**A3.** 生まれてから今までお世話になった人たち。　**A4.** 笑ったことは、オランウータンのぬいぐるみにTシャツを変な着せ方をして自分で5分くらいツボった。泣いたことは、玉ねぎを切っていて(笑)。　**A5.** 今まで応援してくれて本当にありがとうございます!! 将来の夢はよりたくさんの人に囲まれて死にたいと思っているので、そのためにファンの方々に僕のことを信用してもらえるように素の自分でがんばります!

安慶田 真樹（アゲダ マサキ）

生年月日　1998年5月27日
血液型　O型
星座　双子座

A1. 初めて出会う人たち、初めて出会う音。本当に夢のような場所です。ここから、僕は夢をいただいたので、たくさんの人に夢を与えられる人間に成長していきます。　**A2.** 明るくて元気な人。　**A3.** おじーちゃんとおばーちゃんと3人で撮った写真。成人式の前撮りで親友と2人で撮った写真。
A4. 宮古島に帰省して、海に入った時です。相変わらず綺麗で、思わず笑ってしまいました。
A5. 温かいご声援、本当にありがとうございます。皆さんに支えられた分、歌やダンスを通して、たくさん恩返しします。たんでぃがーたんでぃ!

アルジャマ 勇心(ユウジン)

生年月日　2001年8月1日
血液型　A型
星座　獅子座

A1. 自分の夢を叶えられるチャンスがあるところ。自分を変えられるところ。知らない自分を見つけられるところ。 **A2.** ポジティブでいつも明るく、何でも笑う人。 **A3.** 家族。そして、PRODUCE 101 JAPANで経験していることは、僕の人生の宝物です。 **A4.** 久しぶりに2015年東南アジア競技大会の"スプラッシュブラザーズ"を見たら、笑ってしまうと同時に元気をもらいました！ **A5.** 応援してくださる皆さんのコメントを一つ一つ読んでとても感動しました。いつか一人一人にお会いして感謝を伝えたいです。

安藤(アンドウ) 誠明(トモアキ)

生年月日　1996年12月19日
血液型　A型
星座　射手座

A1. 夢を持つことや追いかけることの素晴らしさ、大変さ、厳しさ。すべてを教えてくれたオーディションです。 **A2.** 「ありがとう」「ごめんね」を素直に言えて、挨拶がちゃんとできる人。 **A3.** 一番は家族や友達です。 **A4.** 甥っ子と姪っ子と一緒にいる時間はずっと笑わせてもらっています。一つ一つの言動がかわいくて面白い。 **A5.** この間まで普通の社会人で船乗りをしていた僕を応援してくれてありがとうございます。皆さんがいなかったら今の自分はいません。どんどん恩返しをしていきます。

安藤(アンドウ) 優(ユウ)

生年月日　1998年10月23日
血液型　A型
星座　天秤座

A1. 人生で最大の賭けであり挑戦。自分が何者なのか再確認する場になっています。 **A2.** 自然体で一緒にいられるけど、ある程度お互いに気を遣えるような仲になれる人。犬をかわいがる人。人の事を思いやれる人。 **A3.** 母親に買ってもらった大きい鏡。 **A4.** ヒゲ脱毛が痛すぎて泣いた……。 **A5.** 皆さんの応援のお陰でいつも励まされて「前を向いてがんばらないと」と思っています。そのお返しに、僕を見ると日々の励みになったり、今日を頑張ろう、楽しもうと思えたりする存在になれるように努力していきます。

Q1. あなたにとってPRODUCE 101 JAPANとは？　Q2. 好きな女性のタイプは？　Q3. 一番の宝物は？
Q4. プライベートで最近笑ったこと、泣いたことは？　Q5. 自分を応援してくれたファンへ、感謝のメッセージをお願いします！

イ ミンヒョク

生年月日　1991年1月15日
血液型　O型
星座　山羊座

A1. 夢をつかむチャンスをもらえた場所。もう一度、夢を追いかけられるようになれた場所。　**A2.** よく笑う人。相手を想いやって接するけど、たまにわがままな人が理想（笑）。 **A3.** 家族。　**A4.** まだ実力不足であることが悔しくて、深夜の練習中に泣きました。合宿以外でもスタジオをレンタルして毎日自主練をしました。 **A5.** 僕を信じて応援してくれた皆様、本当にありがとうございます。皆様の心がそばにあると思えたから笑顔になれました。楽しんでもらえるよう頑張りますのでたくさん幸せを感じてくださいね＾＾。

井汲 大翔（イクミ ヒロト）

生年月日　2002年8月23日
血液型　O型
星座　乙女座

A1. 夢を叶えてくれる場所。僕が輝ける場所。　**A2.** 優しくて、性格が良い人。　**A3.** PRODUCE 101 JAPANに出ていた期間。　**A4.** グループ評価の時の僕の髪型が、ワカメちゃんに似ていたことに笑ってしまいました。　**A5.** 僕を応援してくれて本当にありがとうございました。辛い時も僕を助けてくれてありがとうございました。皆さんの期待に応えられたかはわからないですが、僕はこれからも周りの人を幸せにできるように日々成長していきます。本当に感謝しかありません。

池本 正義（イケモト マサヨシ）

生年月日　2001年11月7日
血液型　B型
星座　蠍座

A1. 人生の分岐点。夢への第一歩。自分ができることでお父さんとお母さんに恩返しできるチャンスだと思っています。 **A2.** 僕が失敗しても怒らずに頭を撫でてくれる人（笑）。 **A3.** お母さんとお父さんと3人いる兄弟が大切です。あとは、このオーディションに参加する時に学校の皆にもらった手紙もめちゃくちゃ大切です。 **A4.** テストの出来が悪すぎて泣いた（笑）。　**A5.** どれだけ個人の能力があってカッコよくても、応援してくれる方々がいなければ生きていけません。どんな形であれ皆さんに恩返しをしたいと思います！

イシイ ケンタロウ
石井 健太郎

生年月日　1997年4月23日
血液型　B型
星座　牡牛座

A1. 超大規模な就活。　**A2.** 今どこで誰と何をしてるのかちゃんと連絡してくれる人。3分以内にLINEの返信ないと不安になるから早く返信して~!!（笑）　**A3.** 家族。今まで過ごした毎日、楽しい事も悲しい事も悔しい事も全部宝物です。**A4.** ずっとアメリカンドッグのことをアフリカンドッグだと思っていて、この間コンビニの店員さんたちに笑われました！　**A5.** ファンの方との出会いは奇跡で運命。僕が皆さんの支えになれるようにもっと良い姿を見せます！　応援メッセージ、母のSNSを通して全部見てますよ~！

イシイ ユウキ
石井 祐輝

生年月日　1997年10月6日
血液型　B型
星座　天秤座

A1. どん底にいて暗くなっていた自分に勇気と希望を与えてくれた。神様が僕に与えてくれた最高のチャンス。　**A2.**『風の谷のナウシカ』のナウシカみたいに、優しさと強さを持っていて、心が綺麗な人。**A3.** 家族。　**A4.** PRODUCE 101 JAPANに選ばれた瞬間。あと、妹が大学の第一志望に受かった時。　**A5.** 皆さんの応援の言葉の一つ一つが僕の心の支えです。デビューが叶ったら、僕が皆さんをいろ――んなところへ連れて行きます！一緒にいろいろな景色を見ましょう！　その思い出の数々が僕の夢です(^-^)☆

イソハタ ハヤト
五十畑 颯斗

生年月日　1992年12月4日
血液型　B型
星座　射手座

A1. 人生最大のターニングポイント。　**A2.** 家庭的で、弾けるような笑顔が素敵で、ほっぺをムニムニしても怒らなくて、自然に良い匂いがして、子ども好きな人！　**A3.** 子どもたちからもらった手紙や折り紙のプレゼント。　**A4.** 台風の日に僕を心配して彦と拓実が電話してきてくれて、うれしくて泣いた。　**A5.** 自分では分からなかった五十畑の魅力を見出してくださりありがとうございます。こんな自分を応援してくださる皆様のためにも頑張らなくてはといつも勇気をいただいておりました。ありがとうございました！

稲吉（イナヨシ） ひかり

生年月日　2000年7月27日
血液型　A型
星座　獅子座

A1. K-POP歌手を目指した時からの憧れの場所。客観的に見ることで自分自身の研究ができ、これからの人生に活かすことができる僕の滑走路です。　**A2.** 一緒に料理を作って楽しく食べられる人。　**A3.** 命。　**A4.** 真生くんと海斗くんの打ち合わせなしの『ジョジョの奇妙な冒険　ダイヤモンドは砕けない』のモノマネに爆笑。　**A5.** これからも稲吉ひかりががんばる姿を、温かい目で見ていてください！　ファンの皆様には絶対にデビューという形で恩返ししますので、これからも応援よろしくお願いいたします。

井上（イノウエ） 港人（ミナト）

生年月日　1999年12月26日
血液型　B型
星座　山羊座

A1. デビューすることが本当の夢なので、憧れの場所であり通過点。　**A2.** 自分に自信を持っているけど、傲慢ではなく人に優しい人。　**A3.** 家族、友達、そして国民プロデューサーの皆さん。　**A4.** 友達とご飯に行って、他愛のない会話（恋愛事情とか！）をした時。　**A5.** いろいろな面で応援やサポートをありがとうございます。皆様のおかげで本当に本当に頑張ることができています。まだ恩返しができていないので、必ずデビューして少しでも恩返しできるように努力します。

今西（イマニシ） 正彦（マサヒコ）

生年月日　2001年7月7日
血液型　A型
星座　蟹座

A1. 人生を変えてくれたもの。最高の青春。　**A2.** 優しくてダンス好きで彦より背が低くて頼りになって甘えさせてくれる方。　**A3.** 家族。親友。ダンス。音楽。　**A4.** 川西拓実くんとLINEしているのですが、すっごく返信が遅いから笑った。　**A5.** 応援していただいて本当にありがとうございます。織姫の皆さんが居なかったらと考えるだけで不安です。辛い時や悩んでいる時に皆さんのコメントなどを見たらいつも元気になり、頑張ろうと思えるんです。必ず恩返しします。織姫の皆さん!! だ――――――いすき♡

イワサキ リュウト
岩崎 琉斗

生年月日　2000年10月6日
血液型　O型
星座　天秤座

A1. これからの人生で経験できない事や、これからの人生につながる事を経験させていただいてたくさんの夢が広がる場所です。　A2. クール系な大人な女性で、おでこを出してる方が好きです。　A3. 家族や友達。　A4. 友達と懐かしい思い出を話して笑いました。　A5. 皆様の応援が僕の人生を明るくしてくれたので、次は僕が皆様の人生を明るく楽しいものにできるように、そしていろいろな場面で皆様に勇気と笑顔を少しでも与えられるように、日々努力していきます！　最高の笑顔でまた会いましょう！

ウエハラ ジュン
上原 潤

生年月日　1996年11月23日
血液型　B型
星座　射手座

A1. いろいろな感情、いろいろな経験を与えてくれる場所。 A2. よく笑う人。他人の気持ちがよくわかる人。　A3. 応援してくれるすべての方。家族。 A4. 最近、久々に日本のバラエティ番組を見て爆笑しました。あと、先行公開の駿弥の映像が面白すぎて笑いました！　A5. 僕のことを応援してくださるすべての方々、本当にありがとうございます。皆さんのおかげでどんなに辛いことがあっても乗り越えられるし、いつも元気をもらっています。期待に応えられるように全力で頑張ります！

ウチダ シュウト
内田 脩斗

生年月日　1998年11月1日
血液型　B型
星座　蠍座

A1. 一言で表すと「挑戦」です。もし仮に脱落しても、経験を無駄にしないで、次に生かしたいと思います！　A2. みんなの前では大人しくて塩対応なんだけど、2人きりになると甘えてくる子が好き（笑）。 A3. 今まで生きてきた人生の思い出の濃さは誰にも負けている気がしないので、思い出が宝物！　A4. プデュの練習生とも最近遊ぶんですけど、18Xのメンバーが面白すぎる。 A5. 今、この瞬間まで自分がこうやって活動できるのはファンの方たちのおかげです。この場を使って伝えたいことは「本当にありがとう」です。

浦野 秀太（ウラノ シュウタ）

生年月日　1997年6月17日
血液型　A型
星座　双子座

A1. 自分がやりたかったことそのもの。夢を叶えるために一番手に入れたいものがある場所。　**A2.** 明るくてよく笑う人。清潔感があり女性らしい人。言葉遣いが綺麗な人。　**A3.** 日本でプデュを受けられたこと。　**A4.** おじいちゃんがずっと僕の名前を「たけし」だと思っていたこと。　**A5.** 僕はスタートからあまり皆さんに安心してもらえるような状況ではなかったと思います。それにもかかわらず、一生懸命に応援していただけたことは自分にとって最強の元気の素です。一人一人にお礼を言いたいぐらい感謝しています！

大川 澪哉（オオカワ レイヤ）

生年月日　1999年11月12日
血液型　A型
星座　蠍座

A1. 憧れの大好きな番組であり、人生の分岐点。　**A2.** 人に優しく、自分に厳しい人。　**A3.** PRODUCE 101 JAPANに参加できた経験！　**A4.** 目の不自由な方を道案内したら、お腹が弱そうな顔をしていると言われた。大正解!!（笑）。　**A5.** いつも、大川澪哉を応援してくださる皆様、ありがとうございます。皆様の応援が僕に生きる気力とやる気を与えてくださいます。いつか世界中で僕の名前が呼ばれるようなビッグスターになるので期待していてください！　これからもこんな僕ですが、何卒よろしくお願いいたします。

大澤 駿弥（オオサワ シュンヤ）

生年月日　1997年5月18日
血液型　AB型
星座　牡牛座

A1. 臆病者の僕が逃げずに向き合えた人生最大の挑戦。　**A2.** よく笑う人！　**A3.** 時間です。誰にでも平等に与えられ、自分次第でどうにでも変わるものだとプデュを通して学びました。　**A4.** 祖母が韓国ドラマを流しながら寝ていたのでチャンネルを変えたら「聞いてるの」と言われ、内容がわかるか聞いたら「わからない」と返されたこと。　**A5.** 皆さんの温かい言葉や力強いメッセージに励まされ、元気をもらいました。デビューが決まったら、皆さんと絆を深め、感謝の気持ちを直接お伝えできるような機会を作りたいです！

大平 祥生（オオヒラ ショウセイ）

生年月日　2000年4月13日
血液型　A型
星座　牡羊座

A1. 夢を追いかけるのは20歳までと決めているので、人生最後の挑戦。　**A2.** キツネ目で顔の印象が強い人が笑った瞬間に、ふわっと優しくなるのが好き。　**A3.** 今まで経験してきた事。いろいろな人との出会い。　**A4.**『ツカメ』の収録が終わって蓮くんに「成長したね」って言われたときに、それまでのことを思い出して泣きました。　**A5.** 皆さんのおかげで、今日も夢に向かって頑張れています。ファンの方と会ってケーキとかを食べながらお話したいので、絶対デビューできるように自分磨きを頑張ります。

大水 陸渡（オオミズ リクト）

生年月日　1999年6月22日
血液型　B型
星座　蟹座

A1. 自分の中の足りないところを実感して、自分なりに考えて、努力して、勉強する場所です。　**A2.** 好きな女性のタイプは明るくて笑顔がとても素敵でいつも一緒にいて楽しそうな人です。　**A3.** 家族です！　**A4.** ラグビーワールドカップで日本が強豪相手に勝った時、選手たちが男泣きしている姿を見てもらい泣きしました。　**A5.** いつも応援してくれてありがとうございます。皆さんが応援してくれたから自分は1人じゃないんだと実感しました。そして、これからも応援よろしくお願いしマッシュルーム！

岡田 武大（オカダ タケヒロ）

生年月日　1999年12月3日
血液型　A型
星座　射手座

A1. 人生の分かれ道。　**A2.** がんばっている姿が素敵な人。笑顔が似合っていて、誰に対しても親切で自分も他人も大切にする人。　**A3.** いつも声をかけてくれて背中を押してくれる人たち。近くで応援してくれる家族。　**A4.** 着けていたメガネが急に壊れて、部品が地面に落ちた時に笑いすぎて泣きました。　**A5.** 本当に本当に毎日感謝しています！言葉にしきれないほどのありがとうが僕の中に詰まっているので、デビューが決まったらファンの皆様に今までのありがとうを全力で伝えます!!

岡野 海斗（オカノ カイト）

生年月日　2001年1月21日
血液型　O型
星座　水瓶座

A1. 自分にとって新しい人生と成長を手に入れる場所。そして、いつまでも憧れであり続ける場所。　A2. 一緒にいて楽しい人。気を遣わないでゆったりまったりいられる人。A3. 絵を描く道具。　A4. PRODUCE 101 JAPANでたくさんの人と出会えて、毎日が笑顔と涙の連続です！　A5. ずっと憧れていた歌手としてステージに立つことが夢です。ここで終わりたくないです。絶対にデビューして、皆様にキラキラした姿、見せます！

男澤 直樹（オザワ ナオキ）

生年月日　1998年12月5日
血液型　A型
星座　射手座

A1. 夢への階段。自分を成長させてくれる場所。　A2. 笑顔が多い。散歩が好き。料理に関心がある。そして、パンの匂いがしそうな人。　A3. ファンの皆さん。家族。　A4. 韓国合宿から帰ってきたら、家のトイレがリフォームされていて別空間になっていて笑いました（部屋は白、トイレはデニム柄）。　A5. たくさんの応援をありがとうございます。皆さんの応援や愛が僕を成長させてくれています。もっと努力して、もっと良い姿を見せることを約束します。一緒に世界の景色を見にいきましょう。

片上 勇士（カタガミ ユウシ）

生年月日　1997年6月27日
血液型　A型
星座　蟹座

A1. 自分のすべてを知ることができて、磨ける場所。自分を貫こうと自分にしかできないことを探しました。　A2. 誰にでも優しくて「ありがとう」や「ごめんなさい」が言える人。A3. 練習生の皆との思い出は一生忘れない宝物。　A4. 駿弥と龍斗志と日向が家に遊びに来て皆でお鍋を食べながら、テレビでメンバーのチッケムやPR動画を観てたくさん話してすごく面白かったです。A5. いつも応援ありがとうございます。皆さんの目を見てありがとうと言いたいので、生涯現役で活動しようと思っています！

川尻 蓮（カワシリ レン）

生年月日　1997年3月2日
血液型　O型
星座　魚座

A1. 神様がくれた大きなチャンスと試練。最初、テーマ曲のセンターに決まった瞬間、人生でいちばん心臓がぎゅ――っとなりました。　**A2.** 気配りができる人。見えないところでも頑張っている人。　**A3.** 家族や僕を支えてくれている人。　**A4.** 仲がいい人たちといると、いつも笑ってる気がします（笑）。　**A5.** いつも応援ありがとうございます！　必ず恩返しします。待っていてください！

川西 拓実（カワニシ タクミ）

生年月日　1999年6月23日
血液型　B型
星座　蟹座

A1. 僕の人生を変える本当に大きな分岐点です。受ける前は葛藤があったけど、今は挑戦してみてよかったと実感しています。　**A2.** 話をしていても、またしていなくても一緒にいて楽しいと思える人。　**A3.** 家族です。　**A4.** 『42～世界を変えた男～』という映画を観たとき。僕も主人公のロビンソンと同じく野球をやっていて、彼が持っている強い気持ちに感動しました。　**A5.** 世の中にたくさんのアイドルがいる中、僕のことを知っていただき、応援してくださりありがとうございます。世界でも活躍するアイドルになります！

菅野 雅浩（カンノ マサヒロ）

生年月日　1999年10月1日
血液型　B型
星座　天秤座

A1. 恋みたいなもの！　すごく楽しくて、緊張して、厳しくて、不安だけど自分の気持ちを確信させてくれるもの。　**A2.** かわいらしくて、上品な人。　**A3.** 親や部活の仲間からもらった手紙。応援してくださる方のTweetやYouTubeのコメント。　**A4.** 公式アカウントでアップされたファッションチェックで、タケルが自分の私服について言った「カワイイがBOOMBAYAHしてます☆」がツボ。　**A5.** 僕をアイドルにしてくれてありがとう！　これからもどんどん大きくなっていく姿で感謝を伝えられたらいいな！

北岡 謙人（キタオカ ケント）

生年月日　2000年6月9日
血液型　B型
星座　双子座

A1. 今までの人生の中で何にも代えることのできない最高の夢を見せてくれたもの。 **A2.** 僕を応援してくれている国民プロデューサーの皆さん全員が大好きでタイプ！（マジ）　**A3.** 僕を見つけてくれたファンの皆さん。　**A4.** 出先で食べようと家からキャベツを持ってきて、カバンを開けたら見事に散乱していた事。 **A5.** 僕を見つけて投票してくださった皆さん、ここに書ける量が限られているので「ありがとうございます」の一言にすべての気持ちを込めます。皆さんに届きますように。

北川 暉（キタガワ ヒカル）

生年月日　1999年2月9日
血液型　A型
星座　水瓶座

A1. 人生最後で最大の挑戦でした。　**A2.** 僕自身食べることが好きなので食事中に美味しそうに食べる人（いっぱい食べる人ならなおさら好き）。 **A3.** 20歳の誕生日に親にもらった腕時計。　**A4.** 最近あまり外に出られなかったので、家で映画を見てぐしゃぐしゃに泣きました。　**A5.** ここまで応援してくださってありがとうございました。これから先もあなたの光となり輝き続けられるように努力していきますので、辛い時、悲しい時に僕たちを見て元気になってください！　本当にありがとうございました！

北川 玲叶（キタガワ レイト）

生年月日　2002年9月29日
血液型　O型
星座　天秤座

A1. 僕にとってPRODUCE 101 JAPANは、夢を叶えるところだと思っています。まだ未来も見えない状態で不安ですが、デビューする覚悟でがんばっています。　**A2.** 笑顔がかわいくて優しい人。　**A3.** PRODUCE 101 JAPANの練習生になれたこと。　**A4.** 学校の授業中に雷が鳴り、それに驚いて椅子から落ちて泣きました。　**A5.** これまでデビューするかも分からない僕を応援してくださってありがとうございました。デビューしたら応援していただいた方全員にお礼をしたいです。

木原 汰一（キハラ タイチ）

生年月日　1998年9月2日
血液型　B型
星座　乙女座

A1. 人生の大きな転機であり、二度とないチャンス。練習生に選ばれてからは今までにはないような日々を送り、人生の考え方なども大きく変わりました。　**A2.** 背が小さくてかわいい雰囲気の子。甘えても許してもらえそうな人がいいです（笑）。　**A3.** IKEAで買った犬のぬいぐるみです。名前はボブといいます（笑）。**A4.** 久々に仲間と会って何気ない日常会話で笑いました。**A5.** 応援してくださったファンの方々一人一人と会ってお話をして感謝の気持ちを伝えたい。そして握手して、写真も撮りたいです！

木全 翔也（キマタ ショウヤ）

生年月日　2000年4月5日
血液型　A型
星座　牡羊座

A1. 自信を持てなかった自分を成長させてくれる場所。いろいろなすごい人を間近で見て、自分ももっと頑張ろうとやる気にさせてくれる場所。**A2.** 色白で、優しくて、何かを頑張っている人。　**A3.** 自分でがんばって買ったもの。**A4.** 友人と何気ない会話をしていてすごく笑いました。**A5.** 人見知りで緊張してしまう性格で、ファンサービスをうまくできないのですが、僕のことを理解して応援してくださってありがとうございます。デビューが決まったらもっとちゃんとできるようになるので、応援よろしくお願いします！

キム ヒチョン

生年月日　1994年9月2日
血液型　B型
星座　乙女座

A1. 国や言語にかかわらず多くの弟ができた機会。　**A2.** お互いにすべての感情を共感、共有できる方。　**A3.** 25年の人生の思い出。あと、たくさんの練習生を一人一人ケアしてくれるスタッフさんにいつも感謝しています。　**A4.** 猫の動画を見た時に笑いました。韓国の合宿中以外は泣かなかったですね……。　**A5.** どんな形であれ、必ず恩返しします。心から感謝しています。

キム ユンドン

生年月日　1995年2月19日
血液型　A型
星座　魚座

A1. 舞台に立つことができるようにしてくれて、たくさんの良い友達に出会わせてくれた僕への贈り物。　**A2.** 話すだけでも楽しい人。笑顔がきれいな人。僕は完璧な人じゃないから、欠点まで愛してくれる人がいいな。　**A3.** 今までの経験と練習した時間と旅行の思い出です。　**A4.** ソルくんの「はじめまして」です。
A5. 僕のために投票してくれて本当にありがとうございます。僕が皆さんに応える方法は、良いパフォーマンスしかないと思っています。必ずデビューをしてファンの皆さんと長い間幸せに過ごしたいです！

金城 碧海（キンジョウ スカイ）

生年月日　2000年5月6日
血液型　A型
星座　牡牛座

A1. 人生を変えられる場所。
A2. 精神的に大人である人。天然で面白い人。気遣いができて常に感謝の気持ちを持っている人。　**A3.** 生きている中で得た思い出です。思い出は良くても悪くても自分にとって一生忘れられないものになり、自分の糧になるからです。
A4. 感動する映画をみて泣くようになって……そんな泣いてる自分をバカにして笑った。
A5. 僕はこれからも皆さんの声援とともに高みを目指してがんばります！　今の僕があるのは皆さんのおかげです！　本当にありがとうございます！

草地 稜之（クサチ リョウノ）

生年月日　1998年6月17日
血液型　不明
星座　双子座

A1. 夢を叶えたいと強く願う人間がさまざまな感情を抱きながらしのぎを削る場所。
A2. 普段は凛としてるけど、たまに垣間見る女性らしさに心惹かれます！　**A3.** 生まれ変わりたいと強く願った時、新しい何かに挑戦する必要があると思います。僕の人生を変えたミスターコンテストでの思い出が宝物。　**A4.** ポジション評価で勝った時にどちらの感情もMAXになってました（笑）。　**A5.** まだまだ歌もダンスもセンスも皆無だし、魅力もまだなのに、こんな自分を応援してくださる皆様のことが本当に大好きです！

グチェレス タケル

生年月日　2001年12月11日
血液型　A型
星座　射手座

A1. 夢へのスタートであり、青春のようなもの！　**A2.** 好きな食べ物、キャラクターとか趣味がたくさん合う人。　**A3.** もちろんお友達！　彦（今西）の笑顔！　みんなのおかげで頑張れたし、辛い時、大変な時は彦の笑顔に癒されました！　**A4.** 学校から帰ったらお母さんが『ツカメ』を全力で踊ってたこと。あれはAです（笑）。彦とのLINE通話も面白いです。　**A5.** こんな僕を応援してくださってありがとうございます！　感謝の気持ちが大きすぎてもうなんて言えばいいか、わかりません……。

熊澤（クマザワ） 歩哉（フミヤ）

生年月日　1996年10月22日
血液型　A型
星座　天秤座

A1. 挑戦です。こんなにたくさんの人の夢と希望が集まる場所、感動を与えることのできる番組はありません。　**A2.** よく笑う。趣味や話が合う。料理が上手。友達を大事にする。明るくてポジティブ。　**A3.** 東京に来て夢を追えている今。今まで出会って関わりを持った人たち。　**A4.** 収録の合間に、2年ぶりに帰省した地元の福島で、親戚のみんなとご飯を食べたり、友達に会ったり、たくさん笑いました。　**A5.** 最後の最後まで支えていただき感謝の気持ちでいっぱいです。皆さんの気持ち届きました。とても励まされました！

黒川（クロカワ） 竜聖（リュウセイ）

生年月日　1999年12月12日
血液型　A型
星座　射手座

A1. 人生での貴重な経験。夢への通過点。　**A2.** 誠実。優しい。おしゃれ。そして、僕を認めてくれる人。　**A3.** 親友。家族。学生の時の時間。国民プロデューサーの皆様。　**A4.** 親友と遊んでいる時に、不意に『ツカメ』を歌い始めた時は笑いましたし、嬉しかった！　映画『リメンバー・ミー』を観て泣きました。　**A5.** こんな僕を応援してくれてありがとうございます！　ファンの皆様がいるので、今の僕があります。いつか恩返しをしたいので、待っていてください！

河野 純喜（コウノ ジュンキ）

生年月日　1998年1月20日
血液型　O型
星座　水瓶座

A1. ずっと憧れていた場所。夢を叶える場所。　**A2.** 一緒にラーメンを食べに行って、ご飯をセットでたのめる人。　**A3.** 友達。　**A4.** カルボナーラパーティの練習をした時に、分量を間違えてパスタの味が薄くなってしまい大笑いした。映画『ショーシャンクの空に』を観て号泣。　**A5.** いつもたくさんの応援をありがとうございます。僕には大きな夢があります。自分たちの歌で皆さんを笑顔に、幸せにして、少しでも争いがなくなる平和な世の中を実現したい。そのためにデビューします！　応援よろしくお願いします！

古賀 一馬（コガ カズマ）

生年月日　1996年10月31日
血液型　A型
星座　蠍座

A1. 僕のなりたいもの、やりたいことを後押ししてくれた存在。　**A2.** 自分のことをしっかり持っている人。向上心を忘れない人。　**A3.** 僕のことを応援して支えてくれる人！　**A4.** クリーム（家で飼っている猫）が友達の猫と人間みたいにしゃべっていたこと！　決まった時間になると集合する約束になっているのかも。　**A5.** 投票するためにはサイトに接続し、時間を割かなければいけません。その一つ一つの手間や気持ちがうれしくて、いつも僕の原動力になっています。デビューしたときには、今より還元できる人になります！

駒尺 雄樹（コマジャク ユウキ）

生年月日　1999年12月5日
血液型　O型
星座　射手座

A1. 人生で二度とないチャンス。　**A2.** 笑顔が素敵な人。自分の中にしっかり芯を持っている人。　**A3.** 家で家族が笑っている瞬間。高校時代の親友。　**A4.** 友達が番組に投票しようとした時に、実際は投票できないのですが11人投票した後に、バグで「あと98人に投票してください」と出てきた話に笑いました。
A5. 皆さん、たくさんのサポートありがとうございます！　きちんとデビューして恩返しできる機会を手に入れられるように、全力でがんばります！

小松 倖真（コマツ コウシン）

生年月日　2001年10月22日
血液型　A型
星座　天秤座

A1. 自分がスターになるための成長の過程だと思います。　**A2.** 一緒にいて楽しい人。笑顔が素敵な人。　**A3.** Legend Tokyoに出演する時に、皆と練習に励んで本番を全力で楽しめたこと。　**A4.** 映画『天気の子』を観て、感動して泣いてしまいました。 **A5.** いろいろなコメントをたくさん読ませていただいています！　すごく励みになっています！　これからもぜひよろしくお願いします！

小山 省吾（コヤマ ショウゴ）

生年月日　1999年11月18日
血液型　O型
星座　蠍座

A1. 一日一日を感謝するきっかけになるところだと思います。　**A2.** 基本的には好きになった人がタイプです（笑）。強いていうのなら、性格や容姿がボーイッシュな人！　**A3.** 今まで自分に関わってくれた皆さん。　**A4.** よく聞き間違いをして、自分で笑ってます 。決して耳が悪いわけではなく、しっかり聞こえてます（笑）。 **A5.** まだまだ未熟な自分を応援してくださってありがとうございます！　自分の信念を持って世界を変える気持ちでこれからも日々頑張っていきたいと思いますので、応援よろしくお願いいたします!!

佐々木 真生（ササキ マオ）

生年月日　2001年1月15日
血液型　A型
星座　山羊座

A1. 夢であり現実であるターニングポイント。一生の思い出。将来の自分の子どもへの自慢のネタ。　**A2.** 猫目。ロングヘア。僕より低いけど、身長が高めの人。　**A3.** トラの人形のガブ。　**A4.** 仲の良い練習生とお泊まりをして、“笑ってはいけない”ゲームをして笑いました。　**A5.** ダンスも歌もやっていなかった、いわば野良猫ちゃんでしたが、そんな僕を愛してくれて、応援してくれてありがとうございました！　感謝の気持ちをいつか皆さんに僕の口から直接伝えたいと思います！

佐藤 景瑚（サトウ ケイゴ）

生年月日　1998年7月29日
血液型　A型
星座　獅子座

A1. 憧れと夢だった。そして今は僕の人生のすべて。　**A2.** わがままな子。　**A3.** 家族と友達とファンの皆さん。　**A4.** 心霊現象が起こる友達の家で、夜トイレに行きたくなって僕に友達が「親友だから何があっても守る」と言って付いてきてくれたけど、ドアが急に閉まった瞬間、彼が真っ先にダッシュで僕を置いて逃げた（笑）。　**A5.** 僕はすごくネガティブなので、皆さんの応援の言葉や励ましの言葉が嬉しく、自信になります。こんな僕ですが、皆さんの期待に応えられるよう頑張ります！　応援よろしくお願いします！

佐藤 來良（サトウ ライラ）

生年月日　2000年5月9日
血液型　A型
星座　牡牛座

A1. 応募した時からデビューすることだけを考えて日々過ごしています。自分にはこれしかないと思っています！　**A2.** 美意識が高い人。ご飯の食べ方が美しい人。　**A3.** 今年3月に買った、小指にしているトムウッドの指輪。お守りです。　**A4.** なぜか港人くんのボケが僕のツボです（笑）。もう何を言われても笑っちゃいます。　**A5.** ファンの方のおかげで今の僕がいるので、本当に感謝の気持ちでいっぱいです！　ファンになったことを後悔させないので、これからもずっとずっと付いてきてください〜！

佐藤 隆士（サトウ リュウジ）

生年月日　2001年10月26日
血液型　O型
星座　蠍座

A1. いろいろな方に自分の可能性を知ってもらって、自分の夢を掴むための場所。第二の青春！　**A2.** 好きになった人が僕のタイプになるので……特に決まったポイントはありません！　**A3.** ナイナイさんからいただいたミサンガ。なかなか切れそうにない見た目なんです（笑）。　**A4.** ソルくんの「はじめまして〜」を放送で観たこと。　**A5.** デビューしたら、ファンの皆さんにたくさん恩返しをしたいです。あと、ガチンコマッスルバトルの時の替え歌も歌いたい！

MEMBER PROFILE

佐野 文哉（サノ フミヤ）

生年月日　1997年5月25日
血液型　B型
星座　双子座

A1. ゴールでありスタートだと思っています。これまで地道にダンスに取り組んできましたが、ダンスが上手いだけではダメということを学びました。　**A2.** ショートヘアが似合う人に惹かれます。　**A3.** ダンスを通して出会った仲間たち。　**A4.** 小学生の頃の修学旅行の写真が出てきて、その時の自分の服装がまっピンクで、センスのなさに我ながら笑いました。　**A5.** 宣材写真が1ミリも盛れていなかった僕を見つけて応援してくださり、本当にありがとうございます。いつか必ず恩返しをさせていただきます。

白岩 瑠姫（シロイワ ルキ）

生年月日　1997年11月19日
血液型　O型
星座　蠍座

A1. 魅力のある素敵な練習生に刺激を受け日々成長できた場所。ステージに立ってパフォーマンスする事の幸せを改めて実感できた場所。　**A2.** 話し方が優しい人。髪が綺麗な人。**A3.** 素で笑い合える昔からの友達。応援してくれるファンの皆様。家族。　**A4.** 幼馴染と遊んでいた時、強風でその中の一人のメガネが飛んで行っちゃって、慌てた彼の姿を見て皆で笑いました。　**A5.** 今まで応援してくれた皆様へ早く恩返しができるように頑張ります。まだ見ぬ景色を皆で見たいです。僕が連れて行きます！

鈴木 玄（スズキ ゲン）

生年月日　2000年9月4日
血液型　B型
星座　乙女座

A1. 自分の使命を全うする人生を賭けた長旅のスタート地点。　**A2.** お互いのまったく違う部分を尊重し、お互いの夢を尊敬し合える人が素敵だと思います。　**A3.** 中学生の頃に父親がくれたバリ島のネックレスです。　**A4.** 帰省した時に大好きな祖父母が僕の大好物のスパゲティサラダを作ってくれた時に感動して笑いながら涙が溢れました。**A5.** 感謝しかありません。いつもありがとうございます！　一生変わらないファンの方々への公約は「誰よりも情熱を持ってファンを大事にする」です。

Q1. あなたにとってPRODUCE 101 JAPANとは？　Q2. 好きな女性のタイプは？　Q3. 一番の宝物は？
Q4. プライベートで最近笑ったこと、泣いたことは？　Q5. 自分を応援してくれたファンへ、感謝のメッセージをお願いします！

スズキ シンジュン
鈴木 晨順

生年月日　1999年8月9日
血液型　A型
星座　獅子座

A1. 20年間の人生の中で間違いなく最大の挑戦であり、最高の経験をさせていただいた貴重な機会です。　**A2.** まっすぐ芯があって、自分にはない尊敬できる部分を持っている人。　**A3.** PRODUCE 101 JAPANに参加できたこと。　**A4.** 韓国での合宿が終わり、日本の自宅に到着した時に思わず涙が溢れました（笑）。　**A5.** いつも温かい応援をありがとうございます。このオーディションを通して初めて、自分のためではなく誰かのために夢を叶えたいと思いました。それはファンの皆さんのためです。一緒に夢をたくさん叶えましょう。

スズキ ミヤビ
鈴木 雅

生年月日　1996年9月3日
血液型　O型
星座　乙女座

A1. たくさんの大事な仲間ができ、自信を得たり失ったり、今まで見たことのない景色や諦めていた夢を見せてもらった場所。　**A2.** 周りには楽しそうに振る舞っているけど、不器用なところがあって助けたくなる人。ぽっちゃりしていて、オムライスを上手に作れる人。　**A3.** PRODUCE 101 JAPANに参加させていただいた経験。　**A4.** 特にありません。　**A5.** 不甲斐ない姿をたくさん見せてしまったけど、デビューできたらそれは間違いなく国民プロデューサーの皆様のお陰です。今まで愛してくれた倍の愛をステージから返します。

タカノ アキラ
高野 慧

生年月日　2000年6月20日
血液型　A型
星座　双子座

A1. 自分自身を見つめ、辛い経験、楽しい経験を含めて大きく成長できた場所。　**A2.** オタク要素を持っていて、優しくてサバサバしている人。　**A3.** 応援してくれるすべての人たち。バイオリン。　**A4.** 寝坊してしまい、急いで準備をしていた時にタンスの角に足の小指をぶつけて悶絶！　**A5.** まだまだ未熟な僕を応援してくれて本当にありがとうございます。感謝しきれないほど勇気や励ましをいただきました。これからもっともっと学ぶべきことを吸収して、一人でも多くの人の支えとなる存在になりたいと思います！

瀧澤 翼（タキザワ ツバサ）

生年月日　2003年3月2日
血液型　O型
星座　魚座

A1. 自分のスキルを爆発的に上げることができ、人生で必ず役立つことを学べる機会だと思っています。　**A2.** 優しくてノリがいい人。ダンスについて一緒に語れる人。　**A3.** どんなときも僕のことを考えてくれて、背中を押してくれる家族。　**A4.** 学校の文化祭で男友達のメイド服姿を見て、あまりの違和感に何時間も笑ってしまいました。　**A5.** たくさんの応援をありがとうございます。応援メッセージや時には厳しいコメントをいただき、すべて僕の原動力になっています。デビューが決まったら、直接お会いしたいです！

田口 馨也（タグチ ケイヤ）

生年月日　2003年1月20日
血液型　B型
星座　水瓶座

A1. 今まで生きてきた中で、人生をかけた最大のイベント。いろいろな経験をさせていただいたおかげで、急成長することができた場だと思います。　**A2.** しっかり者で優しい方。年上の方に惹かれます。
A3. MARVELという存在。
A4. ラグビー日本代表の試合を観て、感激して泣きました。
A5. ステージでカッコいいパフォーマンスをするという僕の夢を応援してくれて、本当にありがとうございます。これからも夢を掴むまで走り続けます。必ず恩返しをしますので、待っていてください。

田中 雄也（タナカ ユウヤ）

生年月日　1997年10月11日
血液型　A型
星座　天秤座

A1. 初心に戻り、夢の大切さを知ることができる場所。青春。
A2. 夢に向かって努力していて人としてリスペクトできる人。色白、目が二重、背が高い、かわいい人（笑）。　**A3.** 家族。次にスニーカー（笑）。
A4. 友達とご飯に行ってPRODUCE 101 JAPANの話をチラッとしたら、いろいろな思いがこみ上げてきて涙が出ました。悔しいことばかりだったので……。　**A5.** 僕は僕なりのエンターテインメントをこれから発信していきます。僕をずっと応援してください。ずっと付いて来てください。絶対に幸せにします！

チョン ヨンフン

生年月日　1993年1月15日
血液型　B型
星座　山羊座

A1. 自分自身を証明できる最後の機会。　**A2.** 大人を敬う人。自分の仕事にプロ意識を持っている人。相手の心を理解できる人。　**A3.** 私を応援してくれる人。　**A4.** ソルくんの「はじめまして」。　**A5.** 全部終わったと思った時、そばで力になってくれてありがとうございます。ファンの皆様のおかげで、多くの力を得ました。皆様から受けた愛の分、これから恩返しをしていきたいと思います。

鶴房 汐恩（ツルボウ シオン）

生年月日　2000年12月11日
血液型　A型
星座　射手座

A1. 韓国に独りで向かい、そこでいろいろ学ぶことができました。そこで学んだことを発揮する絶好の場だと思っています。
A2. 黒髪で、清楚で、落ち着いていて、料理が上手な人。
A3. 家族。親友。僕と仲良く、相談もでき、お互いを尊重できる練習生仲間。ネックレス。
A4. プライベートでは笑いすぎているため、覚えてません。親といろいろなことを話し合い、感情が溢れ出てしまった時、泣きました。　**A5.** 皆さんの応援が本当に心の支えになりますし、頑張ろうという気持ちにさせてくれます。本当にありがとうございます。

寺師 敬（テラシ ケイ）

生年月日　1996年7月20日
血液型　B型
星座　蟹座

A1. 常にチャレンジを続ける人生を歩むための大きな一歩です！　ワクワクする人生を送るための大きなチャレンジ。
A2. 黒髪ロングヘアが似合う人。自分のやりたいことを一生懸命やっている人が好きです。
A3. 今までの人生でいただいたいろいろな人からの「手紙」。
A4. アスリートの方と一緒にいるとどんな些細なことでも笑いに変わります（笑）。　**A5.** 温かい声援で応援してくれて勇気をくださったおかげで、自分のためだけではなく応援してくださる皆さんの期待に応えるために頑張れます。本当に、ありがとうございました。

東郷 良樹（トウゴウ ヨシキ）

生年月日　1995年6月6日
血液型　O型
星座　双子座

A1. 自分を見つめることができる場所。　**A2.** 見た目が大人っぽいのに、アクティブで天真爛漫なところもあり、友達のように接することができる人。 **A3.** 僕を信じてくれているファンの方々。　**A4.** ある練習生に「東郷くんに出会えたことが貴重で価値がある」と言われて、嬉しくて自然に涙が出ました。　**A5.** たくさんの練習生の中から僕を見つけて、応援してくださって本当にありがとうございます。皆さんのおかげでこれからも僕はまだまだ夢に向かって走りたいと思いました。これからも応援よろしくお願いします！

床波 志音（トコナミ シオン）

生年月日　2000年4月24日
血液型　O型
星座　牡牛座

A1. ずっと見ていた憧れの場所。夢を明確にしてくれた場所。 **A2.** 大人っぽくて、一緒にいて楽で、優しくてかまってくれる人。　**A3.** 家族。結婚したら奥さんと子供かな。　**A4.** 前のPRODUCEシリーズを見直して、いっぱい泣きました。 **A5.** いつも応援コメントを読むと力になるし、とっても嬉しいです。応援してくれる方がいなかったら心が折れていたと思います。こんな未熟な自分を応援してくださった方全員にお礼をしたいです。本当にありがとうございました。そして、これからも応援していただけたらうれしいです。

中川 勝就（ナカガワ カツナリ）

生年月日　1997年3月16日
血液型　A型
星座　魚座

A1. 自分の夢を掴む最後のチャンス。自分が成長できる、人生の中で一番大きい経験を積める場所。　**A2.** よく笑う人。常識のある人。思いやりのある人。　**A3.** 家族。友達。ファンの皆様。プデュの思い出。　**A4.** 地元に帰って、幼馴染の友人と一緒にご飯に行って、世間話をしてすごく笑った！　**A5.** 自分の存在はファンの方がいてくださるからこそ成り立っています。特に僕は目立ちにくいけど……でもファンの皆さんが懸命に応援してくださって、心の底から感謝しています。本当に本当にありがとうございます！

中川 吟亮（ナカガワ ギンスケ）

生年月日　1999年3月15日
血液型　B型
星座　魚座

A1. きっと、ぎんの原点！ きっと！ そうなると思う！ そう信じてます！ **A2.** 地の匂いがワカメの人。何かしら尊敬できる人。楽しい人。 **A3.** 今まで出会ってきた人たち。 **A4.** 親戚の披露宴でいとこの子どもがダンシングヒーローを踊る姿を見て、頭が痛くなるくらい号泣（笑）。 **A5.** FランクからのFランク。少ない放送時間での見切れシーンをFBI並みの捜査力で特定して喜んでくれてたり、ダンスが一向に覚えられないポンコツなぎんを変わらず応援してくださったり……愛溢れる皆が大好きです！

中里 空（ナカザト ソラ）

生年月日　2002年1月20日
血液型　AB型
星座　水瓶座

A1. 夢。自分の居場所。 **A2.** 一緒に笑いあったり、時にはのんびりしたりできる大人っぽい女性がタイプです。 **A3.** 友達。家族。 犬のぬいぐるみ。 **A4.** ずっと一緒の親友と最近久しぶりに遊んで、昔の事を話して、アゴが外れるくらい笑いました。 **A5.** いつも応援してくれて、本当にありがとうございます。皆さんの一言一言が,僕が頑張る源に、力になっています。今出せるすべての力を出して、これからのパフォーマンスに挑んでいきますので、これからも変わらぬ応援、声援をよろしくお願いいたします。みんなソランへ♡

中谷 日向（ナカタニ ヒュウガ）

生年月日　1998年9月15日
血液型　A型
星座　乙女座

A1. 人生をかけて挑戦しにきた場所。そして、自分のことを改めて知ることができた場所。 **A2.** 毎日一緒にいて楽しい人。ずっと自分のことを必要としてくれる人。 **A3.** これは綺麗事ではなく、本当に応援してくださる皆さんが大切な宝物。 **A4.** iPhoneの待ち受けが大澤駿弥の幼少期（本人の希望）で、開くたびに笑っています。顔の半分がおでこ（笑）。 **A5.** デビューできてもできなくても、やっぱりこの先もアイドルになりたいという夢は変わりません。応援してくださる皆さんに何かを届けられるお仕事をしていたいです！

ナカニシ ナオキ
中西 直樹

生年月日　1998年2月28日
血液型　A型
星座　魚座

A1. 人生を変えるとても大きなチャンスだと思います。日本の音楽業界に、今までとは違う新しい風を吹かせるんじゃないかと思います。　**A2.** ショートカットが似合う人。普段サバサバしてるけど、たまに甘えてくるようなギャップがある人。　**A3.** 家族。友達。 **A4.** Nissyさんのライブを観に行って、感動して泣きました。 **A5.** 応援してくださり、本当にありがとうございます！　将来デビューしたら最高のライブで皆さんを楽しませられるようにしたいです！

ナカノ リュウノスケ
中野 龍之介

生年月日　1999年7月2日
血液型　B型
星座　蟹座

A1. 自分の夢のスタートラインでもあり人生の分岐点。初めて今までやってきた事が認められた場所。　**A2.** 最低限の常識を持っていて笑った顔がかわいい人。　**A3.** 尊敬しているダンススクールの先輩に誕生日プレゼントでもらったキーホルダー！　**A4.** 仲のいい友達と時間を忘れて遊びながら、バックダンサー時代の失敗談や思い出話をしていた時笑いました。　**A5.** 実力が無いのに、応援し、見守っていただきありがとうございます。将来の夢は、いろいろな人に感動や勇気を与え、全世界の人に知ってもらえる人になりたい。

ナカバヤシ トウイ
中林 登生

生年月日　1997年12月27日
血液型　B型
星座　山羊座

A1. たくさんの人々に夢や希望を与えたいと本気で思っているので、それを実現できる人生最大のチャンス。　**A2.** 見た目はクールなお姉さんが無邪気な一面を持っているなど、ギャップのある人。　**A3.** 地元を旅立つ時に友人からもらった手紙。辛い時に読み返しています。　**A4.** ダンスができなくて悔しくて泣くことはあるけど、プライベートは毎日ハッピーに暮らしています。 **A5.** 応援してくださる皆様、本当にありがとうございます。皆様がいなければ僕は何もできません。だから、ずっとそばにいてください！（笑）

ナカモト　タイガ
中本 大賀

生年月日　2001年2月17日
血液型　AB型
星座　水瓶座

A1. 同じ夢を目指す仲間と切磋琢磨し、励まし合える大切な場所。　**A2.** タピオカミルクティのお店でも遊園地でも一緒にいる時間を楽しめる人。　**A3.** リクガメのバース。　**A4.** 合宿中にスマホに触れなかったので、アプリで育てていたクリオネが帰らぬ人となってしまった。泣いた──。　**A5.** 毎日の投票や呼びかけなど大変だったと思います。皆さんの応援に応えたいという気持ちが僕を奮い立たせてくれました。感謝でいっぱいです。これからも応援したいと思ってもらえるように、進化していきたいと思っています！

ニシ　リョウタロウ
西 涼太郎

生年月日　2000年5月19日
血液型　O型
星座　牡牛座

A1. 少しも自信がなかった自分に自信を与え、家族のような大切な仲間やお互いに高め合えるライバルに出会わせてくれて、そして自分の人生を大きく変えてくれたもの。　**A2.** あまり決まってなくて、好きになった人がタイプって感じです。　**A3.** 家族。　**A4.** 友達との替え歌大会で笑いました。　**A5.** 応援してくださってありがとうございますと素直に伝えたいです。辛い時は応援してくれたファンの皆様の事を思い出して乗り越えていました。これからもたくさんの場面で頑張りますので応援よろしくお願いします！

ニシオ　コウキ
西尾 航暉

生年月日　1999年7月31日
血液型　AB型
星座　獅子座

A1. 昔からずっとアイドルになりたいと思っていました。輝くステージに立たせていただけた最高のオーディション！　**A2.** いつも笑顔で、お互いに尊重し合える人。謙虚で素直で優しい人。　**A3.** 家族。　**A4.** 友達と夏にバーベキューしたこと！　**A5.** もっと練習すべきだったとすごく悔いが残っています。けれど、こんな僕がもしデビューすることができたら他の練習生の子たちに失礼のないよう今まで以上に練習し、自分の目標とするダンス、歌が出来るまで必死で取り組みます。絶対輝いて、見に来てよかったと思わせます！

西野(ニシノ) 友也(トモヤ)

生年月日　1997年3月8日
血液型　A型
星座　魚座

A1. 信じきれなかった自分の可能性を信じさせてくれるもの。　**A2.** ちゃんと目を見て話してくれる、話を聞いてくれる子。家事ができる子。　**A3.** 家族。とくに父には感謝を伝える機会があまりないので、ありがとうとちゃんと言いたい。　**A4.** 毎日笑っているので、特にこれといった出来事はないです！　**A5.** 西野友也という人間を信じてくれて、評価してくれてありがとうございます！

西山(ニシヤマ) 和貴(カズキ)

生年月日　1994年10月5日
血液型　B型
星座　天秤座

A1. 夢を諦めかけていた自分にチャンスをくれた、自分を信じる力をくれた場所。　**A2.** 強めな女性や意地悪っぽい顔をした女性。そういう人のギャップが好き！　**A3.** 父、母、弟、祖母、亡くなった祖父。　**A4.** リスペクトしているアーティストさんのライブに行った時、最初から最後まで号泣していました……。　**A5.** たくさんの練習生の中から僕を見つけてくれてありがとうございます。僕のために投票してくれる皆さんを思い浮かべると、心強くなりました。ありがとうの気持ちを一つずつ返していきたいです。

長谷川(ハセガワ) 怜央(レオ)

生年月日　1998年8月14日
血液型　A型
星座　獅子座

A1. 今までのすべてを変えてくれたオーディションです。自分の実力もよく知れて、これから何をしていけばいいのか明確になりました。　**A2.** 大人っぽくて一緒にいて落ち着く女性。自分をしっかり持っている尊敬できる女性。　**A3.** 家族。友達。ジャスティン・ビーバーのポスター。　**A4.** アキナさんのやる気のありすぎる学生というコントでめちゃ笑いました。　**A5.** 自信がなくなりそうな時、前向きにがんばろうと思えたのは、応援してくれた皆さんのおかげです。ハセレオを応援したことを後悔させません。いつもありがとう！

秦 健豪（ハタ ケンゴウ）

生年月日　2001年4月19日
血液型　B型
星座　牡羊座

A1. 僕をキラキラさせてくれるとっておきの宝物。　**A2.** 僕が知らないことをたくさん知っていて尊敬できる人。　**A3.** プデュで出会えたすべての人たちや経験。　**A4.** 宮里くんが家に泊まりにきた日に、お風呂に入浴剤を入れたら子どものような笑顔で喜んでくれたこと。　**A5.** 僕自身アイドルやアーティストの追っかけをしていた時、好きがゆえに「こんなこと言ったら気持ち悪いかな」とよく心配したけど、自分が応援していただける側になって「そんなことない」とわかりました。いつも、本当にありがとうございます！

林 龍太（ハヤシ リュウタ）

生年月日　1996年7月23日
血液型　O型
星座　獅子座

A1. 夢。希望。　**A2.** 清潔感があって、何に対しても一生懸命に向き合う人。　**A3.** 自分に関わってくれているすべての人。　**A4.** 声がよくなって、まともに歌が歌えた時、嬉しくて笑いました。　**A5.** まだまだ未熟な僕ですが、オーディションを通して人としても表現者としてももっと成長していけるように頑張るので、これからも僕を見守ってください。いつも応援していただいて、支えていただいてありがとうございます。デビューしたら、日本だけでなくワールドツアーを行い、世界中の人をトリコにしたいです。

福地 正（フクチ ショウ）

生年月日　1993年9月30日
血液型　O型
星座　天秤座

A1. 夢をあきらめて違う道を考えていた僕が出会った「人生を決めるテスト」です。　**A2.** スキャンダラスな人に惹かれます。観ていて楽しいし、僕に持っていないものを持っている感じがするから。　**A3.** 友達からもらった星の砂。一粒にもいろいろな想いがあるのかなと想像すると嬉しい。　**A4.** 友達の結婚式で、台風で足止めを受けていた新郎側の家族が登場した時、感動して泣いてしまいました。　**A5.** 応援してくれている皆の強い想いは一番僕に伝わっています。デビューしたら、公約の絵本を完成させる！

古屋 亮人（フルヤ アキヒト）

生年月日　2001年4月4日
血液型　不明
星座　牡羊座

A1.「希望」です。自分を変えるチャンスの場。観る人たちに可能性を示したいという想いで日々がんばっています。 **A2.**「ありがとう」「ごめんなさい」を言える人が好き！　僕はゲームが好きなので、休日に不得意でも一緒に遊んでくれる人を好きになっちゃいます。 **A3.** もちろん応援してくださる人たち。 **A4.** 大好きな先輩の誕生日会をした時たくさん笑いました。 **A5.** 皆様の応援が僕の頑張れる原動力になります。僕のデビューが決まった時は時間をかけてファンの皆様に感謝とともに恩返しをさせてください！

本田 康祐（ホンダ コウスケ）

生年月日　1995年4月11日
血液型　A型
星座　牡羊座

A1. 夢と一番近くで向き合える場所。第二の青春。 **A2.** 控えめの人より「私女子力あるよ」ってしっかり言える人が素敵だと思う！ **A3.** 家族。 **A4.** 考えたけどありませんでした（笑）。つまらないプライベートだったのかな（笑）。 **A5.** いつも応援ありがとうございます。皆さんのYouTubeのコメントや作ってくれた写真コラージュが本当に力になったし、活動の原動力につながりました。もっと魅力的な自分を見せられるようにこれからも頑張りますので、期待して待っていてください。

松倉 悠（マツクラ ハルカ）

生年月日　1995年12月7日
血液型　A型
星座　射手座

A1. 心にしまっていた夢を追いかけられる場所。 **A2.** スポーツや脱出ゲームなどをノリノリで一緒にできるような人。 **A3.** 自分の夢や、やりたい事を一番に応援して支えてくれる家族。 **A4.** 合宿の準備で買い物に行ったら、お店で偶然練習生にバッタリ会った事。「みんな考える事は一緒だね。後ろ姿だけでもわかっちゃうねー！」と笑いました。 **A5.** 応援してくださる皆さんの言葉や行動の一つ一つが励みになりました。本来なら応援してくださった方々一人一人に直接会って感謝の言葉を伝えたいです！

豆原 一成（マメハラ イッセイ）

生年月日　2002年5月30日
血液型　O型
星座　双子座

A1. 自分の人生を変えてくれた番組であり、いろいろな意味で自分が成長することができた場所でした。さまざまな大人の方とお仕事をさせてもらえたので、すごくうれしかったです！　**A2.** おしとやかな性格でマジメな人。背の高い人。運動できる人。　**A3.** 家族です。　**A4.** 友達とご飯に行って、友達のギャグを聞き、笑い転げたことです！　**A5.** 僕を応援してくださっているファンの皆さん、いつもありがとうございます！　これからも今までにない豆原一成を見せていきたいので期待していてください！

磨田 寛大（ミガキダ カンタ）

生年月日　1999年9月1日
血液型　B型
星座　乙女座

A1. 自分の人生で一番の冒険であり挑戦です。人生は一度きりなので、やりたい事をやらずに後悔したくありませんでした。　**A2.** 自然体でいて一緒にいやすい人。いい匂いのする人。　**A3.** スマホ。　**A4.** 録画していた番組を観てたくさん笑いました！　**A5.** 皆さんの応援は、皆さんが思っている以上に僕の力になっています。本当に幸せです。まだまだこのようなすごい経験をさせていただける、夢のような時間がずっと続いてほしいです。これからもたくさん成長していくので応援よろしくお願いします。

三井 瞭（ミツイ リョウ）

生年月日　1997年7月15日
血液型　B型
星座　蟹座

A1. PRODUCE 101シリーズを観てきたK-POPファンとしてずっと憧れだった舞台です。**A2.** 思いやりがある人。自分がされて嫌な事を相手にしない人。　**A3.** 僕のことを支えてくれる人、応援してくれる人、そのすべての“出会い”が宝物。　**A4.** うちのミニチュアダックスのピッティを呼んだら、遊んでいた途中でゴミ袋をかぶったままやってきて、家族で笑いました！　**A5.** 国民プロデューサーの皆様に支えてもらった分、この先は僕が皆様を支えます！　デビューしたら、皆様が辛い時に寄り添って励ましてあげます！

宮里 龍斗志（ミヤザト タツトシ）

生年月日　1997年9月13日
血液型　A型
星座　乙女座

A1. 人生を変えてくれた。 **A2.** 好きになった人がタイプです。 **A3.** 今までの記憶。命。家族。 **A4.** おばあちゃんから、家の古いドライヤーから火が出たとLINEが来て、心配して電話したけど、話を聞いたら面白くて2人で笑い合いました。 **A5.** 応援してくださる国民プロデューサーの皆様、誠にありがとうございます。このメッセージを皆様が目にしている頃、僕は何位でデビューしているのかとても気になります。デビューが決まったら、皆様を招待して、話をしたりはしゃいだりして遊びたい。

宮島 優心（ミヤジマ ユウゴ）

生年月日　2000年12月13日
血液型　不明（予想はB型）
星座　射手座

A1. 自分が輝ける場所。 **A2.** 常識のある人。人の悪口を言わない人。 **A3.** 練習生との楽しい思い出、辛い思い出のすべて。 **A4.** ダンスの練習からの帰りが夜遅くになってしまい、自転車で帰宅している時に景瑚くんに聞いた怖い話を思い出して泣きそうになった。 **A5.** いつも応援ありがとうございます。ファンの皆様のおかげでがんばれます。デビューしたら、ドームツアーや世界ツアーをして、皆様と一緒に歴史を作っていきたいです。これからも応援よろしくお願いします！

森 慎二郎（モリ シンジロウ）

生年月日　2000年6月8日
血液型　B型
星座　双子座

A1. これまで周りの目を気にしていろいろな事から逃げてきた自分にとって、初めての挑戦でした。素敵な仲間と初めての経験をできる最高の毎日です！ **A2.** 好きになった人がタイプです！ **A3.** 命です。 **A4.** 深夜のダンスの練習中に、テンションが上がった港人くん、面白すぎて最高です！ **A5.** 毎日頑張っていてもうまくいかないことがあるけれど、応援してくれる人がいると思うと嬉しくて、その事実が僕の背中を押してくれます。頭皮はあかんくっても、皆さんの心を動かせられたなら、とってもうれしんじろうです！

山田 恭（ヤマダ キョウ）

生年月日　2000年9月27日
血液型　O型
星座　天秤座

A1. 自分が輝ける場所。 **A2.** お洒落で清楚系な人。 **A3.** ナイナイさんにもらったミサンガ。 **A4.** ひさびさに家族と会って、お土産話をしてすごく盛り上がったこと。皆と一緒にダンスバトルをして遊んだこと。宮里くんの「はじめまして」が面白すぎてお腹を抱えて笑いました。 **A5.** 僕をこんなにも応援してくれて本当に幸せです!!　ありがとうございます！　デビューが決まったら絶対に皆さんを世界に連れていきます！

山田 聡（ヤマダ サトシ）

生年月日　1998年2月27日
血液型　A型
星座　魚座

A1. 僕のすべてです。自分にとって今でも信じられないほどのビッグチャンスだと思ってます。 **A2.** 人の話を聞き、それに対して自分の意見を伝えられる女性が好きです。 **A3.** 家の近くでドラマの撮影をしていた大杉漣さんからいただいたサイン！ **A4.** ナイナイさんの番組を観ていて、二人の絶妙な掛け合いと岡村さんの言葉のチョイスが最高で、めちゃめちゃ笑いました。 **A5.** 山田聡を応援していただき、本当に感謝しかないです！　デビューしてもしてなくても一生かけて恩を返していきたいです！

山本 健太（ヤマモト ケンタ）

生年月日　2002年9月25日
血液型　A型
星座　天秤座

A1. 今まで観ていた番組なので憧れの舞台です。2次オーディションで用意していた曲のリリックが緊張のあまり飛んでしまって、いきなり他の曲をやった事は良い思い出です（笑）。 **A2.** 趣味や気が合う人。 **A3.** 家族と友達。 **A4.** 好きなYouTubeのチャンネルを観ている時。 **A5.** こんな僕を応援してくださり、ありがとうございます！　応援していただいた分を返せるように頑張ります！

MEMBER PROFILE

PRODUCE 101 JAPAN

ユウキ　タツキ
結城 樹

生年月日　1997年3月10日
血液型　B型
星座　魚座

A1. 人生の中で一番大きな経験です。たくさんのライバルや仲間に出会うことができ、改めて歌手を目指すために殻を破れました。　**A2.** しっかりしてるけど、どこか抜けているような女性。　**A3.** 今までも、そしてこれからも僕を支えて、応援してくれるすべての人が宝物です。　**A4.** どぶろっくさんのキングオブコントの優勝ネタを観て笑いました。　**A5.** ボーカルもダンスもまだまだ下手くそな僕を応援してくださり、本当にありがとうございます。これから僕はもっと成長していくので、これからも応援してもらえたら嬉しいです！

ヨナシロ　ショウ
與那城 奨

生年月日　1995年10月25日
血液型　O型
星座　蠍座

A1. 本物のスターになれる場所ですし、自分の実力が試される場所。嘘やごまかしがきかない場所だと思っています。**A2.** 笑顔が素敵で、笑顔を絶やさずに、いつも前向きな子。あと自分磨きをしている人が好きです。　**A3.** 遠い沖縄から応援してくれる家族。心の支えです。　**A4.** YouTubeで感動的な再会の動画を観て泣きました。　**A5.** まだまだ未熟者の僕を応援してくれて本当にありがとうございます。僕にできることは最後の11人に選ばれて、自分の歌声を皆さんに届けることなので、ぜひ応援よろしくお願いします。

ヨネハラ　ショウヘイ
米原 尚平

生年月日　1996年2月2日
血液型　O型
星座　水瓶座

A1. 一緒の夢を追いかける仲間に出会えた場所であり、自分の夢の続きを考えさせられた場所！　**A2.** 僕は口下手なので、素直に気持ちを言ってくれる女性が好きです。　**A3.** 僕の夢を応援してくれる家族や地元の友達。　**A4.** 地元に帰り皆でBBQをしている時に、お酒を飲まないと友達に伝えたら「うわ——やっぱり芸能人は違うな！」といじられて……その時に心から爆笑してしまいました。　**A5.** ファンの皆さんや、僕を見てくださっていた方、本当にありがとうございました。これからの活躍に期待してください！

渡邊 公貴（ワタナベ コウキ）

生年月日　1998年4月8日
血液型　O型
星座　牡羊座

A1. 自分の鏡です。僕の存在価値は何か、何をしたら僕の良さを引き出せるかなと、たくさん悩ませてくれました。 **A2.** 常識はあるけど真面目すぎず、たくさん信頼を集めている人。 **A3.** 家族。自分を近くで応援してくれるので一番大切な存在です。 **A4.** 久々に大学の友達に会って、日常的な会話ですごく笑いました。 **A5.** 僕のことを応援してくださった皆さん、本当にありがとうございました。皆さんがいてくれたからこそ僕は頑張ってこられました。愛してます♡

渡邊 大貴（ワタナベ タイキ）

生年月日　1998年4月8日
血液型　O型
星座　牡羊座

A1. 僕の人生を変えてくれた場所。K-POPに興味を持ち始めて、19歳で練習生になるのは遅いと諦めていた僕に希望を与えてくれました。 **A2.** 好きなことや自分のなりたい理想像に近づこうと頑張っている人。 **A3.** 高校3年生の時に僕たち渡邊兄弟で出場し、結果を残したソフトテニスのインターハイの思い出。 **A4.**『ドキュメンタル』のハリウッドザコシショウさんを観て爆笑。 **A5.** 僕はこれから世界中の人に夢や希望を与える渡邊大貴になれるように日々精進していきます。期待して待っていてください！

渡辺 龍星（ワタナベ リュウセイ）

生年月日　1997年8月15日
血液型　A型
星座　獅子座

A1. すべてが自分の人生において一番濃い時間。同じ目標に向かってがんばれる最高の仲間に出会わせてくれた大事な番組です。 **A2.** 一緒にいて楽しく笑顔が絶えず、落ち着ける存在が一番理想です。 **A3.** バックダンサーとして、ドームツアーに帯同して、素敵な景色を見られたこと。 **A4.** 韓国合宿の帰りに電車にリュックを忘れてしまい、自分のバカさに思わず笑いました。 **A5.** 練習生の中から僕を見つけてくれて応援してくれて本当にありがとうございました。この先どうなるかわからないけど、応援してくれたら嬉しいです。

Polaroid × First Message

練習生たちによる“国民プロデューサー”に向けた
初めてのメッセージ in 韓国

僕だけ見てください 石井健太郎

石井 拓輝 Never give up!!

五十畑 颯斗 イソハタ ハヤト
応援よろしくお願いします! Hayato★

17歳 稲吉 ひかり
ラップでみんなを元気にします!!

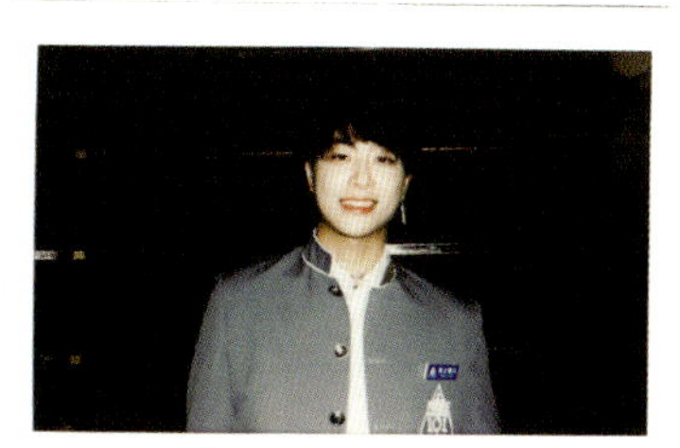
井上港人 37位で覚えてね

今西 正彦★ミひだけみて!

一日一生! 岩崎琉斗

上原 潤 あなたの1pick!!

応援よろしくお願いします!

PRODUCE 101 JAPAN

Polaroid × First Message

浦野秀太 よろしくね♥♥

大川澪哉です。よろしくお願いします。

大澤駿弥☺

大平祥生 1pickしてね♡♡♡り

一日十笑! 大水陸渡

頑張ります!

岡野海斗 応援してね☺

男澤直樹です。がんばるけん!!

誰よりアイドルになります!!

がんばるぞ!!

川西拓実です。いっぱいがんばります。

菅野雅浩 かんの まさひろ あなたを元気に!Go!Fight!Win!

北岡謙人 だよ〜

北川暉 頑張ります!!

たくさんの人から愛されますように! 北川玲叶

おうえんお願いします♡ 汰一

パフォーマンスがんばります♡栓 翔也

よろしくおねがいします ヒチョです。

Polaroid × First Message

キムユンドンです。がんばります

ヨロシクネ♡

必ず11人に残って皆様とたくさんお話したい♡
大好き♡
[illegible]

もっと愛してくれますか 大好きです♡

グチェレス タケル

最後まで諦めず頑張ります!! よろしクマ〜

黒川竜聖 個性を活かして頑張ります。

河野純喜です。世界平和!!

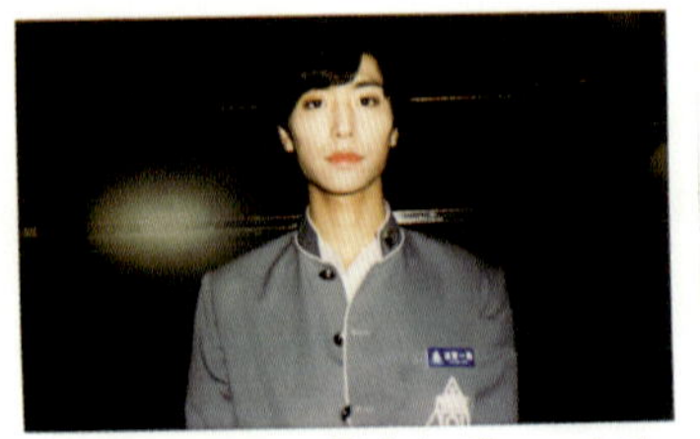

古賀一馬 みんながいてくれるから、僕は存在します!

駒尺雄樹 よろしくです

[signature] いつも全力!

小山省吾 努力してがんばります!!♥

佐々木真生 [illegible]

がんばります。♡

佐藤来良です。よろしくお願いします!

見守ってくれて、応援してくれてありがとう~!

佐藤隆士

佐野文哉です 頑張ります!

白岩瑠姫です! よろしくお願いします!

成長をそばで見守ってください♡(笑)

鈴木玄.

Polaroid × First Message

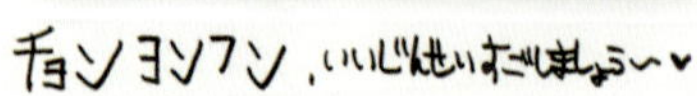

Yoshiki 東郷良樹 K-POP、特撮大好き♡

床波志音 応援よろしくお願いします!!^^

中川勝就です。がんばります!

★ 中川吟亮 ★

これからも愛を届けさせてください♡ Gin

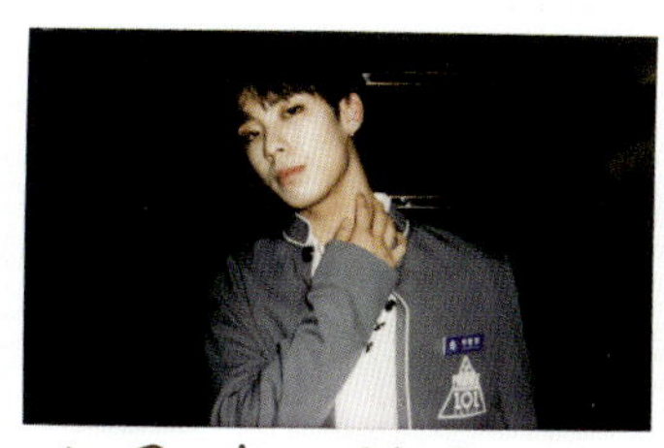

中里空 1pick まってる♡ よろしくね♡

応援してね!

ギャップ見せます!!

中西 直樹

1PICK おねがいします♡ 中野龍之介

頑張るよ〜! 中林登生

Polaroid × First Message

全力で楽しむ!!

本田康祐です。よろしくお願いします!

応援よろしくね☆ 松倉悠

豆原一成です! よろしくお願いします!!

応援してくださいい 慶田貴大

三井瞭 デビューして 皆に応える

SO1.

宮里龍斗志 笑顔元気

よろしくお願いします!

好きになって下さい 森慎二郎

Polaroid × First Message

今日も恭の応援よろしく★

山田恭

精一杯努力します。 山田聡

僕を選んでください8

山本健太

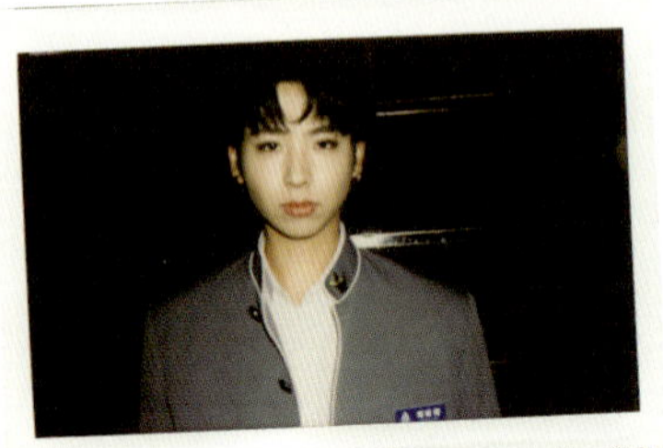

結城樹 応援よろしくね!!

與那城奨です。よろしくお願いします!

よねはら 米原 しょうへい 尚平

これからが楽しみです!!

渡邊公貴

皆さんに応援してもらえるように頑張ります!!

国プの皆さん、投票してくださいよ!!!

渡邉大貴

渡辺龍星 最後まで残る!!

PRESENT

ページ右下の応募券を付属のハガキに貼り付けてご応募いただくと、抽選で、練習生の生写真５枚セットや、オフィシャルグッズをプレゼントいたします。ぜひご応募ください。

(1) PRODUCE 101 JAPAN
生写真５枚セット３名様

Present 1

生写真５枚セットを３名様にプレゼント！
誌面に掲載している写真を５枚セットでプレゼントいたします。

※掲載している写真は見本です。変更することがございますのでご了承ください。

Present 2

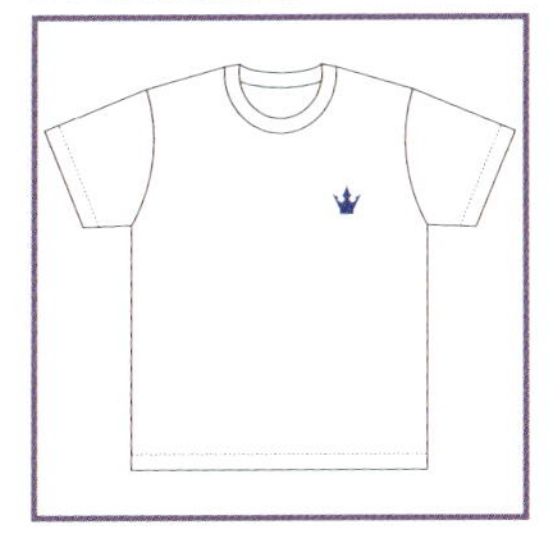

(2) PRODUCE 101 JAPAN
OFFICIAL T-shirt 1名様

Present 3

(3) PRODUCE 101 JAPAN
OFFICIAL Tote bag 2名様

Present 4

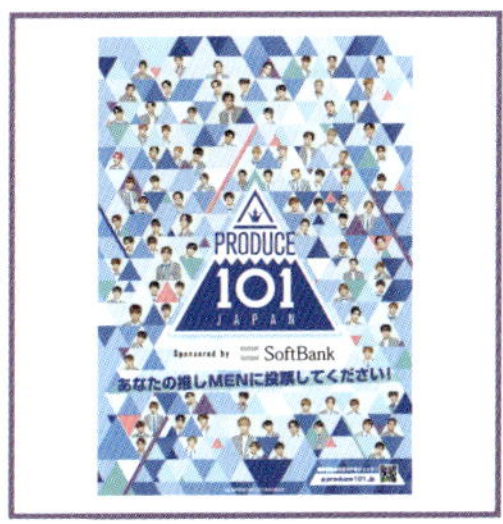

(4) PRODUCE 101 JAPAN
OFFICIAL Posters 3名様

★応募方法

付属のハガキにページ右下の応募券を貼り付けていただき、プレゼント送付先ご住所、お名前、年齢、職業、アンケート欄にご記入の上、(1)～(4)の希望プレゼント番号を明示し、64円切手を貼ってお送りください。※応募締め切りは2020年3月11日(当日消印有効)です。なお、プレゼントの当選は、発送をもってかえさせていただきます。

▶公式グッズの最新情報は公式ホームページをチェック！

応募券
PRODUCE 101 JAPAN

Thanks!

TV PROGRAM CREDIT

特別協賛 

協賛 

協力 GYOBOKWANG

Taron

課題曲 「ツカメ ～ It's Coming ～」
©LAPONE ENTERTAINMENT
作詞　Kanata Nakamura(中村彼方)
作曲　Ryan S. Jhun　Andrew Choi　DAWN　BiNTAGE　Seo Yi Sung

制作協力 MCIP ホールディングス

制作 

制作著作 LAPONE ENTERTAINMENT

PRODUCE 101 JAPAN FAN BOOK

2019年12月21日初版発行

2020年 1 月 6 日3刷発行

出演　PRODUCE 101 JAPAN 練習生の皆さん

発行人　松野浩之

編集人　新井治

企画・進行・編集　太田青里

編集協力　宮野さや夏、力石恒元

デザイン・DTP　大滝康義（株式会社ワルツ）

本文DTP　鈴木ゆか

写真　P002-003 高橋良美

P004-103 永留新矢

P104-123 キム・ヒョンジュ

プロモーション　佐藤孝文、中村礼、平岡伴基

営業　島津友彦（株式会社ワニブックス）

主催　PRODUCE 101 JAPAN 運営事務局 (CJENM/ 吉本興業)

発行　ヨシモトブックス

〒160-0022 東京都新宿区新宿 5-18-21

TEL 03-3209-8291

発売　株式会社ワニブックス

〒150-8482 東京都渋谷区恵比寿 4-4-9 えびす大黑ビル

TEL 03-5449-2711

印刷・製本　シナノ書籍印刷株式会社

Based on the format ' Produce 101' produced by CJ ENM Corporation

ISBN　978-4-8470-9849-9　C0076